# essentials

*essentials* liefern aktuelles Wissen in konzentrierter Form. Die Essenz dessen, worauf es als „State-of-the-Art" in der gegenwärtigen Fachdiskussion oder in der Praxis ankommt. *essentials* informieren schnell, unkompliziert und verständlich

- als Einführung in ein aktuelles Thema aus Ihrem Fachgebiet
- als Einstieg in ein für Sie noch unbekanntes Themenfeld
- als Einblick, um zum Thema mitreden zu können

Die Bücher in elektronischer und gedruckter Form bringen das Expertenwissen von Springer-Fachautoren kompakt zur Darstellung. Sie sind besonders für die Nutzung als eBook auf Tablet-PCs, eBook-Readern und Smartphones geeignet. *essentials:* Wissensbausteine aus den Wirtschafts-, Sozial- und Geisteswissenschaften, aus Technik und Naturwissenschaften sowie aus Medizin, Psychologie und Gesundheitsberufen. Von renommierten Autoren aller Springer-Verlagsmarken.

Weitere Bände in dieser Reihe http://www.springer.com/series/13088

Marga Löwer-Hirsch · Beate West-Leuer

# Psychodynamisches Coaching für Führungskräfte

## Einzel- und Gruppencoachings in Theorie und Praxis

 Springer

Dr. Marga Löwer-Hirsch
Düsseldorf, Deutschland

Dr. Beate West-Leuer
Neuss, Deutschland

ISSN 2197-6708
ISSN 2197-6716 (electronic)
essentials
ISBN 978-3-658-14855-3
ISBN 978-3-658-14856-0 (eBook)
DOI 10.1007/978-3-658-14856-0

Die Deutsche Nationalbibliothek verzeichnet diese Publikation in der Deutschen Nationalbibliografie; detaillierte bibliografische Daten sind im Internet über http://dnb.d-nb.de abrufbar.

Springer
© Springer Fachmedien Wiesbaden 2017


Gedruckt auf säurefreiem und chlorfrei gebleichtem Papier

Springer ist Teil von Springer Nature
Die eingetragene Gesellschaft ist Springer Fachmedien Wiesbaden GmbH

# Was Sie in diesem *essential* finden können

Liebe Leserinnen und Leser,
mit diesem Essential möchten wir Ihnen Einblicke in die Praxis des psychodynamischen Leadership-Coachings vermitteln. Gestützt durch authentische Beispiele aus unserer Beratungspraxis beschreiben wir in sechs Kapiteln,

- wie die Kernkompetenzen des Führens von unbewussten Dynamiken beeinflusst werden;
- wie im psychodynamischen Leadership-Coaching der innere „Spielraum" der Führungskräfte durch die Beziehung zum Coach erweitert wird;
- dass Gruppencoachings von Führungskräften nicht mit Selbsterfahrungsgruppen zu verwechseln sind;
- dass Leadership-Coaching sich psychotherapeutischer Interventionen bedienen kann, ohne Psychotherapie zu sein;
- dass im Einzelcoaching das Allgemeine auf Grundlage des Besonderen erzählt wird;
- dass im Gruppencoaching das Zusammenspiel in vivo erfahren und verändert werden kann;
- dass sowohl im Gruppen- als auch im Einzelcoaching die Selbstmanagementkompetenzen der Klienten gestärkt werden, jedoch mit unterschiedlichen Mitteln;
- und last, but not least, warum Dornröschens Prinz ein guter Coach gewesen wäre.

Wir wünschen eine interessante und spannende Lektüre,
Ihre Marga Löwer-Hirsch und Beate West-Leuer

# Inhaltsverzeichnis

# Zur Relevanz von Psychodynamik im Berufsalltag von Führungskräften 1

Führungskräfte beeinflussen die Organisation entscheidend. Als Führungsverantwortlicher gilt es, nicht nur Spannungen und Unsicherheiten auszuhalten, sondern die Fähigkeit zu besitzen, gemeinsame Ziele und Strategien festzulegen und diese verständlich zu kommunizieren. So gelingt es, um eine gemeinsame Ausrichtung der Organisation zu erreichen und die Umsetzung der Strategie sicherzustellen. Führungs- und Managementaufgaben sind für den Erfolg der gesamten Organisation wesentlich. Managementaufgaben umfassen im Wesentlichen ordnende, organisatorische Aufgaben wie die Festlegung kurzfristiger Ziele, Organisationsstrukturen und -prozesse, die Stärkung der Kernkompetenzen, das Erstellen von Budgets und Kontrollsystemen zur Messung von Resultaten und die entsprechenden Lohn- und Anreizsysteme. Mit Ausnahme der Leistungsbeurteilung und der Anwendung von Anreizsystemen sind Managementaufgaben weniger emotional besetzt als Führungsaufgaben.

Führungsaufgaben umfassen die überzeugende Formulierung und Kommunikation der Primäraufgabe, der Zukunftsvision und der entsprechenden Kernstrategien, des Wertesystems und Verhaltenskodexes. Die Primäraufgabe der Firma, die Zukunftsvision und das Wertesystem appellieren an das Selbstideal und den Wunsch, an einer erfolgreichen und Sinn erfüllenden Aufgabe teilzuhaben. Sie unterliegen in der Regel unbewussten oder vorbewussten, emotional besetzten Wertevorstellungen und dem Wunsch nach narzisstischer Zufuhr. Die Akzeptanz und das Verfolgen gemeinsamer Ziele kann lustvoll aggressiv erlebt werden, wenn es gelingt, Vorstellungen über einen erfolgreich geführten Wettbewerb mit Konkurrenzfirmen zu wecken. Führungskräfte brauchen dazu Intuition und emotionales Engagement, was nur aus innerer Überzeugung und positivem Narzissmus genährt werden kann, zumal langfristige Kontinuität entscheidend ist. Sie werden fortlaufend mit Spannungszuständen zwischen Lust und Unlust konfrontiert. Dies

© Springer Fachmedien Wiesbaden 2017
M. Löwer-Hirsch und B. West-Leuer, *Psychodynamisches Coaching für Führungskräfte*, essentials, DOI 10.1007/978-3-658-14856-0_1

wird noch einmal verstärkt während Veränderungs- oder Umstrukturierungsprozessen. Können Frustrationen ausgehalten und durchstanden werden, ohne das Licht am Ende des Tunnels aus den Augen zu verlieren und wie werden die Mitarbeiter in spannungsreichen Phasen begleitet? Diese Spannungszustände werden im psychodynamischen Coaching erhellt und durchgearbeitet.

*Organisationskulturen*

Das folgende Diagramm (Abb. 1.1) veranschaulicht vereinfacht die charakteristischen Merkmale von Unternehmen als Kulturen, die solche Spannungszustände in den Führungskräften generieren. Es zeigt die Organisation als ein Ganzes, das aus wechselseitig abhängigen Elementen besteht. Die Veränderung eines Elements zieht Veränderungen in den anderen nach sich, da es sich letztlich um *ein* System handelt.

Das Modell zeigt ein Zusammenwirken von strukturellen, sozialen und psychischen Elementen in Kombination mit der Primäraufgabe des Unternehmens. Bei den Klienten, die um Beratung ersuchen, kann es sich um einzelne Führungskräfte, Teams, Gruppen oder Vorstände handeln. In jedem Setting, vom Einzelcoaching bis zur Großgruppenmoderation, werden sich für das jeweilige Beratungsanliegen relevante Phänomene aus allen Bereichen inszenieren.

Die planmäßigen Phänomene sind die formalen Strukturen, wie man sie beispielsweise in Diagrammen zu Aufbau- und Ablauforganisation darstellen kann. Sie dienen dazu, dass Führungskräfte und Mitarbeiter – möglichst unabhängig von ihren Persönlichkeitsmerkmalen – die Primäraufgabe des Unternehmens erfüllen, um ökonomisch valide Produkte oder Dienstleistungen bereitzustellen. Die planmäßigen Phänomene der Organisation bedingen nicht-planmäßige Phänomene. Gedacht

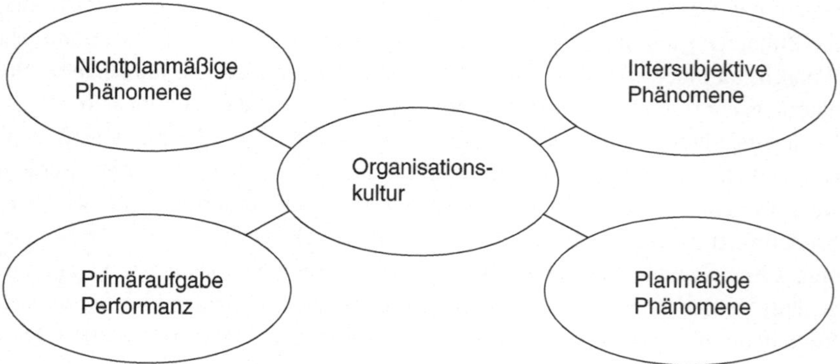


**Abb. 1.1**  Interagierende Phänomene der Organisationskultur (vgl. West-Leuer 2003, S. 97)

ist hier beispielsweise an irreguläre Ressourcen- und Stellenverteilung, an innerbetriebliche Rituale, Legenden und Geschichten, Kleiderordnungen, aber auch an informelle Rollen und Stile, sowie die Normen und Leistungsstandards einer Abteilung und des gesamten Betriebs (vgl. Löwer-Hirsch 2003). Dieser Bereich bietet dem Coach einen Schlüssel zum Unbewussten des Unternehmens, das sich gerade dort abzeichnet, wo Planmäßiges und Nicht-planmäßiges aufeinandertreffen.

Als intersubjektive Phänomene entfalten institutionalisierte Konflikte genauso ihre Wirksamkeit wie Konflikte zwischen Arbeitsgruppen und Teams oder ganz persönliche intrapsychische Konflikte, die der Einzelne unerkannt mit sich herumträgt. Da die Ursachen dieser Konflikte häufig Unlust und Angst bereiten, werden sie versteckt oder verdeckt von ganz verschiedenen Abwehr- und Bewältigungskonstellationen (Mentzos 1988). Im Coaching-Prozess werden sie sich in intersubjektiven, d. h. Übertragungs- und Gegenübertragungs- Inszenierungen aktualisieren und dadurch der Beratung zugänglich. Solch unbewusste Mechanismen und Repräsentanzen bilden die Innen- oder Tiefenstruktur der Organisation. Den Klienten dazu zu verhelfen, ihre eigene, wie die Tiefenstruktur der Organisation oder des Unternehmens zu stabilisieren und zu unterstützen, ist das ureigenste Arbeitsfeld psychodynamischen Coachings.

Der Begriff der Psychodynamik kommt aus der Theorie der Psychoanalyse. Im ursprünglichen Sinne bezeichnet „Psychodynamik" die Beziehung zwischen den verschiedenen inneren Instanzen und Strebungen einer Person. Der Begriff weist darauf hin, dass im Menschenbild der Psychoanalyse ein Teil des Seelenlebens für die Person selbst unbewusst bleibt – was die Wirksamkeit der unbewussten Abläufe erhöht, da sie sich der Kontrolle des bewussten Erlebens entziehen. Die psychoanalytische Theorie besagt weiterhin, dass diese unbewussten Instanzen und Strebungen der Beratung jedoch zugänglich werden, weil sich beratungsrelevante Aspekte in der Beziehung zum Berater inszenieren. Das gilt für Einzelcoachings ebenso wie für das Coaching von Gruppen von Führungskräften. Die Inszenierungen werden dabei sowohl von den unbewussten inneren Instanzen der Führungskraft als auch von denen des Coachs geprägt. Doch damit nicht genug. Neben ihren individuellen psychodynamischen Strebungen transferieren Führungskräfte auch unbewusste, innere Dynamiken ihrer Teams und Abteilungen, sowie das Zusammenwirken dieser Dynamiken in der gesamten Organisation in der Beratung, um sie dort, gemeinsam mit ihrem Coach, zu wiederholen. Im günstigen Fall ist der Coach dann in der Lage, Elemente oder Aspekte dieser Inszenierungen und Reinszenierungen, trotz unausweichlicher, persönlicher Verstrickungen, tiefenanalytisch zu „lesen". Er wird dann Interventionsmethoden nutzen, die es dem Klienten ermöglichen, passgenaue Lösungen für ein spezifisches Beratungsanliegen zu finden. Diese lassen sich nun nicht mehr so leicht der Kontrolle des bewussten Erlebens entziehen.

# Psychodynamisches Coaching im Einzel- und Gruppensetting

**2**

Der Beratungsraum kann als ein Übergangsraum, ein „intermediate area of experience" oder als ein „potential space" beschrieben werden. Diese Beschreibung geht auf den englischen Psychoanalytiker Winnicott (1971) zurück. Er enthält grundsätzliche Überlegungen zu einem Innenraum und einem Außenraum von Erfahrung und dem „Dazwischen". In diesem „Zwischenraum", der eben auch ein „Möglichkeitsraum", ein „Spielraum" ist, entsteht innerhalb seiner Grenzen ein kleines „Beratungsuniversum", ein temporaler Sonderraum. Die Beschreibung von umgrenzten Spielräumen und intermediären Bereichen beschränkt sich aber nicht nur auf den Beratungsraum. Wir finden sie beispielsweise in der Musik, der Philosophie und der Literatur (vgl. Löwer-Hirsch 2016). Der Musiker und Dirigent Simon Rattle beschreibt die Schaffung eines Spielraums für sein Orchester in einem Interview mit folgenden Worten: „Es ist nicht unsere Aufgabe, die Spieler zu kontrollieren, sondern sie zu ermutigen, ihr Bestes zu geben. Und ihnen einen Rahmen zu schaffen, innerhalb dessen sie das tun können" (SZ 144, 2010). Diese Aufgabe haben Führungskräfte mit ihren Teams und Coaches mit ihren Klienten gleichermaßen.

## 2.1 Begegnungen im intermediären Raum

Eine psychodynamisch orientierte Beratung versucht, den Blick für die Mehrdimensionalität der Erfahrungswelt in Organisationen zu weiten, den Blick auf Zusammenhänge zwischen Beziehung und Struktur, zwischen bewussten und unbewussten Prozessen auszudehnen, wobei der oder die Coach in die Prozesse des Verstehens miteinbezogen ist. Dieses Einbezogensein ist ein ganz wesentliches Element des Beratungsprozesses. Alles, was die Beraterin fühlt und denkt, wahrnimmt und in ihr ausgelöst wird, birgt wichtige Informationen über

© Springer Fachmedien Wiesbaden 2017
M. Löwer-Hirsch und B. West-Leuer, *Psychodynamisches Coaching für Führungskräfte,* essentials, DOI 10.1007/978-3-658-14856-0_2

Zusammenhänge, die den Beteiligten nicht bewusst sein können. So erfährt sie sogar an und in ihrer Person die Inszenierung des unbewussten Problems oder Anliegens der zu Beratenden. Gleichzeitig ist alles, was diese bewusst denken und fühlen, eine wichtige Information für den Beratungsprozess.

Wie schon in „Das Unbewusste in Organisationen und der intersubjektive Ansatz" (Löwer-Hirsch 2003), beschrieben, worauf im Folgenden rekurriert wird, ist das Unbewusste das zentrale Konzept der Psychoanalyse und hat Eingang gefunden in die Alltagssprache. Es ist ein Konstrukt, das helfen soll, Ordnung in unsere Erfahrungswelt zu bringen. Eine Ordnung, die nicht nur auf dem Tagesbewusstsein mit seinen scheinbar zielgerichteten Denkprozessen beruht, sondern in die Assoziationen, Fantasien, frühe und gegenwärtige Beziehungserfahrungen, sowie das Nachtbewusstsein mit seinen Träumen Eingang findet. In welch erstaunlichem Ausmaß Freud mit seinem Konzept des Unbewussten und Vorbewussten als zentrale Steuerungsmechanismen für unser Verhalten recht hatte, wird auch von der neueren Hirnforschung belegt. Der Neurowissenschaftler Roth (2001) resümiert den Erkenntnisstand dahin gehend, dass das bewusste Ich nicht der Steuermann ist, für den wir es gern halten: „vielmehr ist es ein virtueller Akteur in einer von unserem Gehirn konstruierten Welt, die wir als unsere Erlebniswelt erfahren". Und weiter stellt er fest: „Das bewusste Ich ist nicht in der Lage, über Einsicht oder Willensentschluss seine emotionalen Verhaltensstrukturen zu ändern; dies kann nur über emotional bewegende Interaktionen geschehen" (Roth 2001, S. 452 f.).

Korrespondierend mit dieser Erkenntnis hat der Ansatz einer intersubjektiv fundierten Psychoanalyse im Psychodynamischen Coaching Beachtung gefunden und kann auf Erfahrungen in und mit Organisationen angewandt werden. In einer Arbeitswelt, in der Organisationen, Teams, Konferenzen und Arbeitsgruppen als intersubjektiv konstruiert verstanden werden, sehen sich die Menschen in einem ständigen Austauschprozess, in dem wechselseitig die Vorstellungen über die Organisation abgeglichen werden. Diese Abgleichungen und Konstruktionen finden zu einem erheblichen Teil unterhalb der Bewusstseinsschwelle statt und prägen damit wesentlicher den Arbeitsalltag, als manche Führungskräfte es sich „träumen" lassen. Psychoanalyse als Beratungswissenschaft wird von den Autorinnen ganz dezidiert als eine Wissenschaft der Intersubjektivität verstanden und damit als eine Wissenschaft beschrieben, bei der der Beobachter zugleich der Beobachtete ist. Die wissenschaftlichen Kriterien für die Analyse eines Coachingprozesses leiten sich nicht von objektivierbaren Kriterien ab, sondern sind einem tiefenhermeneutischen Verstehen und einem diskursiven Aushandlungsprozess verpflichtet (vgl. Lorenzer 1970). In Anwendung dieser Wissenschaftstheorie lässt sich sagen: In einer sich als intersubjektiv verstehenden psychodynamischen

Beratungsarbeit konstruieren auch Beraterin und zu Beratende im intermediären Bereich eine gemeinsame Wirklichkeit, die beider Subjektivität in ihrer jeweiligen Arbeitswelt einschließt.

Es stellt sich nun die Frage, wie im intersubjektiven Coachingprozess das Ziel verfolgt werden kann, Unbewusstes bewusst zu machen. Dabei begegnen wir dem Phänomen, dass das Unbewusste sich nur in Beziehungen gestalten kann. Der Prozess der Beratungsarbeit kann als Erhellung der subjektiven Wirklichkeit, wie sie sich im intersubjektiven Feld herausbildet, verstanden werden. Zum Unbewussten an sich kann ja kein Kontakt aufgenommen werden – es ist ein Konstrukt – sondern nur zu Stufen der Transformation dessen, was wir uns als das Unbewusste vorstellen. Es geht um die fortwährende Aufdeckung von vorgeformten Mustern, wie die Führungskräfte die Organisation und ihre Arbeit in ihr erleben. Dabei verweben sich individuelle und organisationale Muster zu einem komplexen Gebilde. „Falsche" Wahrnehmungen als vermeintliche Verzerrungen der Realität von „richtigen" Wahrnehmungen zu unterscheiden, sind in diesem Ansatz nicht das formulierte Erkenntnisziel. Es geht eher darum, sichtbare und verborgene Muster von Wahrnehmungen, Handlungen und Seinsweisen zu entdecken und auf ihre Nützlichkeit für den Umgang mit den Führungsaufgaben und Zielen einer Organisation zu untersuchen. Das heißt, psychodynamisches Coaching geht zwar davon aus, dass alles, was Menschen und in diesem Kontext Menschen in der Arbeitswelt, miteinander schaffen, entscheidend von ihren bewussten und unbewussten Wahrnehmungen und Einstellungen abhängt, aber ein Steak, um mit Woody Allen zu sprechen, bleibt immer noch ein Steak. Er hat den schönen Satz geprägt: „Ich hasse die Wirklichkeit, aber sie ist der einzige Ort, wo man ein anständiges Steak bekommt." Die Haltung, die die Beraterin während der Erhellung der subjektiven Welt ihrer Klienten einnehmen kann, ist nicht die einer abstinenten Beobachterin. Ihrer Neutralität im klassischen Verständnis wird hier einer intersubjektiven Haltung gegenübergestellt, die sich an der Nützlichkeit für den Prozess orientiert. Interventionen werden weitgehend davon geleitet, wie es den Führungskräften erleichtert werden kann, die Erhellung, Entfaltung und Umwandlung ihrer subjektiven Welt vorzunehmen. Der Dialog zwischen Beraterin und Führungskräften wird von allen bestimmt, allerdings in eingeschränkter Gegenseitigkeit. Die Beraterin wird ihre Befindlichkeiten nur so weit explizieren, wie es für den Prozess sinnvoll erscheint.

Nachdem es einmal ausgesprochen und ins Bewusstsein gelangt ist, schafft es auf paradoxe Weise einen Unterschied, der das bisherige Verständnis der Entscheidungen, der Politik und der Handlungen in einem neuen Licht erscheinen lässt. Das macht die Dinge nicht einfacher und zeigt den Klienten nicht, was zu tun ist, aber es eröffnet Sinn, indem es den Klienten sozusagen an die Organisation-in-ihm-selbst und an Ihn-selbst-in-der-Organisation heranführt. Diese Eröffnung, dieser neue Sinn, ermöglicht neue Vorgehensweisen (Lawrence 1998, S. 5).

Es werden also keine standardisierten Rezepte und Ratschläge erteilt, sondern es erfolgt eine „Klärung des Ist-Zustandes" (vgl. Sies und West-Leuer 2001) und daraus resultierend ein Probehandeln, Vorschläge zum Experimentieren etc. Mit Lawrence (1998) geht es also weniger um eine „Politik der Rettung" als um eine „Politik der Offenbarung". Diese „ist von der Vorstellung geleitet, dass die Klienten selbst in der Lage sind, ihre eigene Verantwortung und Autorität zu übernehmen, um so selbst ihre Wirklichkeit zu entwirren und sich so in ihren Rollen in ihren jeweiligen Systemen selbst zu managen vermögen" (Lawrence 1998, S. 314).

Wie können nun unbewusste Wirkmechanismen in Organisationen und ihren Führungskräften ganz praktisch in einem Beratungsprozess verstanden, entdeckt und nutzbar gemacht werden? Menschen kommunizieren nicht nur auf der Sprachebene miteinander, sondern auch durch Mimik, Gestik, Kleidung, Mobiliar u. Ä., wobei dies mehr oder weniger bewusst eingesetzt wird. Dabei können selbst bewusst gesetzte Symbole wie neues Mobiliar oder aufwendige Präsentationen unbewusst unterlegt sein und beispielsweise auf ihre Dysfunktionalität hin befragt werden. Gleich im Erstkontakt, der Initialszene, gibt es eine Menge zu entdecken. Die Beraterin kann ihr Augenmerk auf materielle Informationen richten: der Gestaltung des Gebäudes, der Eingangspforte, dem Logo, den Bildern an den Wänden und der Wirkung, die diese Arrangements auf uns haben; und weiter auf Rituale des Begrüßens, des Verabschiedens und des Gestaltens von Kontakt. Im fortlaufenden Prozess kann die Beraterin konfrontiert werden mit Rivalität, Konkurrenz, Rechthaberei, Abhängigkeiten, Bevorzugungen, Sündenböcken, Ausstoßungstendenzen, Verschleierung von Problemen, und verschiedenen Abwehrstrategien im Umgang mit Angst. Und dies ist alles tiefer im Unbewussten verankert, als es den Beteiligten lieb und sichtbar ist. Dabei geht es um den Wechselwirkungsprozess von Individuen in und mit ihrer Organisation. Wirken die Kommunikationsstrukturen eingefahren, auf Sicherheit, Kontinuität und Solidarität bedacht oder extrem starr, ritualisiert oder gar paranoid? Oder kann Unsicherheit und Spannung ausgehalten, Nicht-Wissen nicht sofort beseitigt werden? Diese Beziehungs- und Kontaktgestaltungen der Führungskräfte untereinander und zur Beraterin hin werden mit Fragen nach Strukturen verbunden, z. B. wie sind Verantwortlichkeiten verankert, gibt es klare oder beliebige Entscheidungsverfahren, liegen Arbeitsplatzbeschreibungen vor, wären diese eher förderlich oder hinderlich?

Selbstverständlich kann die Entdeckungsreise zum Kontinent des „präreflexiven Unbewussten" auch im Einzelcoaching in den Räumen des Coachs und nicht nur vor Ort in einem Beratungsprozess mit einzelnen Führungskräften und Gruppen angetreten werden. Dabei gilt es immer im (intersubjektiven) Blick zu haben, dass auch die Beraterin mit ihren eigenen Vorerfahrungen, Lebensgeschichte und Weltverständnis eine Entdeckungsreisende ist, die in ihrer individuellen Weise die Realität wahrnimmt und beobachtet (Löwer-Hirsch 2003).

## 2.2   Die besondere Bedeutung von Gruppencoachings für Führungskräfte

Psychodynamisches Gruppencoaching von Führungskräften kann neben dem Einzelcoaching ein effektives Instrument in Change Management Prozessen sein. Der Mensch wird vom ersten Tag seines Lebens in eine Gruppe von Menschen hineingeboren, ist ein Einzelwesen, das fortlaufend seine Identität im Austausch mit anderen Menschen bildet und lebt. Da verwundert es schon, dass den bewussten und unbewussten Gruppenprozessen in Organisationen und Unternehmen nicht eine größere Bedeutung beigemessen und in Gruppen- und/oder Teamcoachings auch bei Führungskräften, Entscheidern und Vorständen Anwendung findet, denn die einzelne Führungskraft wird oft wenig ausrichten können, wenn die umgebende Gruppe nicht aktiv einbezogen wird. Einzelcoaching scheint in Firmen das Instrument der Wahl, um Rolleninhaber von Führungs- und Managementaufgaben zu „entwickeln".

Internationale Unternehmen nutzen auch Gruppensettings. Interne oder externe Moderatoren sollen Führungskräfte auf die „emotionale" Seite ihrer Führungsaufgabe vorbereiten und Soft Skills schulen. Aus unterschiedlichen Firmen kommende High Potentials für das Topmanagement werden von spezialisierten Consultants in kleinen Gruppen für mehrere Tage und außerhalb ihres Arbeitsumfelds gecoacht. Nicht selten werden in diesen Settings „Offenbarungen" über sehr persönliche und biografische Erfahrungen erwartet, ohne dass die Relevanz dieser „confessions" für den konkreten Arbeitsalltag deutlich ist. Diese Form des psychologisierenden Gruppencoachings wird als problematisch oder auch beschämend erlebt, besonders wenn die Gruppenmitglieder als Führungskräfte unterschiedlicher Hierarchieebenen zusammenarbeiten. Zu beobachten ist dann, dass die Beteiligten, um sich zu schützen, im Vorfeld bewusst auswählen, welche emotionalen Erfahrungen sie „liefern". Ein solches Gruppencoaching entspricht nicht den Vorstellungen der Autorinnen von einem gelungenen Gruppenprozess im intermediären Raum der Arbeitswelt. Vielmehr handelt es sich bei diesen

Veranstaltungen um selektive Selbstoffenbarungen im Gruppenkontext, ohne dass eine Verbesserung der Führungskompetenz ableitbar ist.

Viele Business-Coachs bevorzugen daher das Einzelcoaching, vielleicht auch weil sie Sorge haben, der Komplexität eines authentischen Gruppencoachings nicht gewachsen zu sein. Dabei wird das kreative Potenzial einer Arbeitsgruppe unterschätzt und das Angst- und Aggressionspotenzial einer Gruppe häufig überschätzt. Auch in der Literatur finden sich viel häufiger Beispiele für Einzelcoachings. Es ist tatsächlich recht schwierig, Gruppenprozesse in ihren vielfältigen interaktionellen und interpersonellen Anteilen zu schildern (vgl. Hirsch 2010). Wer jedoch einmal in vivo und „am eigenen Leib" erfahren hat, wie sich festgefahrene Situationen mithilfe des Mediums Gruppe wieder in Bewegung bringen lassen und dann die Freude am Miteinander beglücken kann, wird dem Gruppencoaching seinen je eigenen Stellenwert zugestehen.

Im „Zeitalter des Narzissmus" (Lasch 1986) wird den gemeinschaftlichen Veränderungsmöglichkeiten eine geringere Bedeutung beigemessen als dem Streben des Einzelnen. Die meisten Ratsuchenden bevorzugen vielleicht den „geschützten" Einzelraum, weil sie sich nur schwer vorstellen können, dass ein Gruppensetting einen anders „geschützten" Raum bieten kann, der je nach Coachingauftrag lebendiger und vielfältiger genutzt werden kann als der geschützte Raum im Einzelsetting.

Trainings und Coachings in Unternehmen und Institutionen, zumal den großen, sind leider bei vielen Führungskräften in den letzten Jahren in Verruf gekommen. Diese Instrumente werden oft flächendeckend und ohne gründliche Auftragsklärung und Einbindung des Top-Managements eingesetzt. Sie finden, wie oben erwähnt, auch oft „off the job" statt, d. h. ohne die real existierende umgebende Gruppe, was einen möglichen Transfereffekt in den Arbeitsalltag häufig infrage stellt. Damit Coachingprozesse mit Führungskräften auf mittlerer, hoher und höchster Ebene in der Firmenhierarchie und im konkreten Tun erfolgreich sein können, braucht es Auftraggeber, die mit der Macht ausgestattet sind, solche Prozesse zu initiieren und zu begleiten.

## 2.3    Leadership-Coaching versus Psychotherapie

Im Coaching hat die Führungskraft Gelegenheit, Beziehungserfahrungen aus ihrem beruflichen Kontext in einem geschützten Raum zu reinszenieren. Im Dialog mit dem Coach können freundliche und feindliche Emotionen, die im Arbeitsalltag entstanden sind, und sich gelegentlich bis in den Privatbereich zurückverfolgen lassen, allmählich zugänglich werden. Dies ermöglicht es den

Führungskräften, Selbstmanagement und Selbststeuerung in ihrer beruflichen Rolle und als Person zu verbessern und den Umgang mit ihren Mitarbeitern, Teamkollegen und externen Gesprächspartnern angemessen zu modellieren.

Coaching setzt Selbstmanagementkompetenzen voraus, Psychotherapie baut diese auf. Coaching eignet sich dann als Beratungsformat, wenn die Führungskraft in der frühen Lebensentwicklung ausreichend gute Beziehungserfahrungen gemacht hat. Idealerweise schafft das Beratungssetting Bedingungen, in welchen der Klient seine verinnerlichten, wohlwollenden Beziehungserfahrungen aktiviert, in einen inneren Dialog mit ihnen tritt und daraus angemessene Bilder von sich als selbstbestimmte und selbstbestimmende Person zieht, die ihn dann in die Lage versetzen, kreative Handlungsstrategien für seine beruflichen Ziele und in seinen beruflichen Beziehungen zu entwickeln (Grimmer und Neukom 2009, S. 128 f.).

In der Beratungspraxis sehen sich Coachs jedoch zunehmend mit Anfragen konfrontiert, bei denen aufgrund hoher Beanspruchung Selbstmanagement und Selbststeuerung der potenziellen Klienten beeinträchtigt sind. „High Performers" reagieren mit Beschämung und dem Gefühl, versagt zu haben, wenn die Karriere einmal stagniert. Sie geraten in psychische Krisen oder entwickeln Depressionen (West-Leuer 2009, 2011; Haubl 2007). Dies gilt es, so lange wie möglich vor sich selbst und vor anderen geheim zu halten. Denn psychische Krisen können desaströse Auswirkungen auf die Karriere haben. Personal- und Coachingverantwortliche wissen dies. Daher bestehen sie zwar formal auf der Trennung von Coaching und Psychotherapie, schätzen aber paradoxerweise therapeutische Interventionen als besonders wirksam ein und gehen daher wie selbstverständlich von ihrer Verwendung im Coaching aus (Grimmer und Neukom 2009).

Psychodynamisch geschulte Coachs verstehen Leadership-Coaching und Psychotherapie als gegensätzliche Pole einer Beratungsleistung „von Menschen für Menschen", verbunden durch den Wirkfaktor „Beziehung". Standardisierte Interventionen kommen in diesem intermediären Beziehungsraum nicht zur Anwendung. Stattdessen wählen die Coachs aus einem Fundus unterschiedlicher Methoden und Medien die Interventionen, die dem Beratungsanliegen dienlich sind. Sie werden sich nicht scheuen, im Sinne der Klienten auch geeignete Interventionsmethoden aus der Psychotherapie zur Anwendung zu bringen. Als besonders geeignet hat sich dabei die interaktionell-psychoanalytische Methode erwiesen, da sie im Schwerpunkt statt auf Deutungen auf Antworten setzt. Im interaktionell-psychoanalytischen Modus zeigt der Coach emotionale Präsenz, selektive Authentizität in der Vermittlung von Vor- und Unbewusstem, und Respekt vor dem seelischen So-geworden-Sein des Klienten, auch wenn das Verhalten des Klienten nicht den eigenen Normen und Werten entspricht. Bei fortgesetzt selbst oder fremd schädigendem Verhalten des Klienten geht es nicht darum, dass sich der Coach „moralisch entrüstet" zurückzieht und den Auftrag zurückgibt, sondern den Klienten konfrontiert und ihm gegebenenfalls die Folgen seines Handelns und die Grenzen der Begleitung aufzeigt. Präsenz, Authentizität, Respekt gelten sowohl für das Coaching im Einzelsetting wie für das Gruppencoaching.

# Fallvignetten und Interventionen – Einzelcoaching

3

## 3.1 Gefälligkeitsgutachten gibt's mit mir nicht!

Die Klientin ist promovierte Biologin und Leiterin eines Forschungsinstituts, das im Auftrag einer Landesbehörde Projekte zum Schutze der Umwelt durchführt. Als sie eine Beförderung auf die nächst höhere Besoldungsstufe anstrebt, kommt aus der Personalabteilung der Hinweis, dass die vorgesetzte Dienststelle zwar mit ihrer Arbeit in der Sache hochzufrieden sei; aber ihr Umgang mit Kollegen anderer Abteilungen und ihr Führungsstil sei immer mal wieder Gegenstand kritischer Rückmeldungen. Daraufhin kommt die Klientin aus eigenem Antrieb und als Selbstzahlerin ins Coaching. Hier nach ihrem Führungsstil befragt, erläutert sie, dass die Mitarbeiterinnen und Mitarbeiter in ihrem Institut schon „spuren" müssten. Außerdem ist sie erbost über die – aus ihrer Sicht – fehlende Kooperation der Verwaltung. Hier würden von einem Juristen ihre Anträge zur Vergabe von Aufträgen an Experten grundlos verzögert. Um ein Beispiel gebeten, erzählt sie, dass sie für eine Untersuchung von öffentlichen Gewässern eine ausgewiesene Expertin für einen spezifischen Wasserkäfer angefordert habe. „Dieser Fuzzi in der Verwaltung hat doch bei Google den Begriff „Wasserkäfer" eingegeben, und meint nun, mir nachweisen zu können, dass es mehr als eine Expertin für das anstehende Projekt gebe. Da bin ich dann sehr deutlich und laut geworden. Das können Sie mir glauben." Die Nachfrage der Beraterin, wie sich der Kollege in der Verwaltung bei diesem Wutausbruch gefühlt haben mag, überhört sie geflissentlich. Stattdessen erzählt sie von einer weiteren Begebenheit, in der derselbe Kollege die Anträge, die aus allen Instituten eingehen, „chronologisch – können Sie sich das vorstellen – chronologisch abarbeitet. In der Biologie geht es aber um Jahreszeiten!"

© Springer Fachmedien Wiesbaden 2017
M. Löwer-Hirsch und B. West-Leuer, *Psychodynamisches Coaching für Führungskräfte*, essentials, DOI 10.1007/978-3-658-14856-0_3

Die Beraterin fühlt sich hilflos. Die Empörung der Klientin wirkt ich-synton, was sie nicht gerade sympathisch macht. Sie hat keinen Zweifel an der Berechtigung ihres Ärgers und der Art und Weise, wie sie diesem Ärger Luft macht.

**Beispiel**

„Ich bin nicht im Kontakt mit der Klientin. Und ich weiß auch nicht, wie ich den Redefluss unterbrechen soll. Welche Szene wird hier gespielt? Wer soll ich für sie sein? Plötzlich kommt mir die Idee, dass ich ein Alter Ego bin, eine Zuhörerin, die die Empörung teilt. Ich sage: ‚Ich glaube, ich habe jetzt etwas über Sie verstanden.‘ Sie hält inne und schaut mich fragend an. ‚Sie gehen davon aus, dass ich Ihre Haltung teile.‘ Die Klientin ist verdutzt. Dann fängt sie an zu lachen und sagt: ‚Na klar. Ist das ein Problem? Wegen meiner rücksichtslosen Hartnäckigkeit bin ich schließlich eingestellt worden.‘“

Das Stutzen der Klientin zeigt, dass die Intervention der Beraterin die Klientin emotional erreicht hat. In einer Art „Now-Moment" (Stern 2005) kristallisiert sich sekundenschnell ein erweitertes Bewusstsein für die Beweggründe des eigenen Handelns und Verhaltens heraus und konstituiert in Folgen den für den Erfolg des Coachings notwendigen, intermediären Raum zwischen der Klientin und der Beraterin.

Die Schilderungen der Klientin zeigen, dass einige wesentliche Ich-Funktionen eingeschränkt erscheinen. Besonders die Regulierung des narzisstischen Gleichgewichts macht Probleme: sie erträgt es nicht, wenn Kollegen und Mitarbeiter nicht so „funktionieren", wie dies ihren Vorstellungen entspricht; wie die Beraterin werden sie zunächst überrollt, um dann, aufgrund der resultierenden Hilflosigkeit, machtvoll auf ihre Linie gebracht zu werden. Außerdem fällt die fehlende Fähigkeit und Bereitschaft auf, den Anderen in seiner Andersartigkeit mit seinen eigenen, vielleicht abweichenden Interessen und auch Eigenschaften zu sehen und zu akzeptieren. Allerdings hat sie ein rudimentäres Gefühl von der eigenen Notsituation entwickelt; dieses bringt sie nun dazu, sich Hilfe zu holen.

Sie erzählt der Beraterin die Geschichte ihrer beruflichen Laufbahn an diesem Forschungsinstitut. Nach ihrer Scheidung habe sie sich um einen Karriereschritt bemüht. Ihr Vorgänger hat die Leitung wegen diverser Gefälligkeitsgutachten für die Industrie verlassen müssen. Als seine Stelle ausgeschrieben wurde, hat sie sich beworben. Bei ihrer Bewerbung habe sie den Interviewern ganz deutlich gemacht, dass sie unbequem sei. Gefälligkeitsgutachten, ob von extern oder intern gewünscht, gebe es mit ihr nicht. Nach dem Gespräch hat sie gedacht: „Die Stelle bekommst Du nie." Doch sei ihre Unangepasstheit und ihr hartes Durchgreifen für die Landesbehörde ein Strohhalm gewesen. Damals habe diese nach mehreren Umweltskandalen mit dem Rücken zur Wand gestanden. Die Situation sei heute deutlich entspannter, und zwar nicht zuletzt aufgrund ihrer rücksichtslosen Unbeugsamkeit. Und nun wolle man sie genau wegen dieses Verhaltens nicht befördern. Doch benötige sie die Gehaltserhöhung nach ihrer Scheidung, um ihren Lebensunterhalt und den ihrer Kinder angemessen zu finanzieren.

In dieser Erzählung wird eine Facette der Organisationskultur der Landesbehörde sichtbar, die sich als institutionelles Gegenübertragungsgefühl in der Hilflosigkeit der Beraterin gezeigt hat: die Hilflosigkeit der Landesbehörde im Umgang mit den wechselnden und zum Teil divergierenden Erwartungen von Politik und Wirtschaft. Es ist ein legitimes Interesse der Behörde, die Einflussnahmen der Lobbyisten auf Forschungsprojekte und Forschungsergebnisse einzudämmen, auch dann, wenn sie auf die Mitfinanzierung durch Wirtschaftsunternehmen angewiesen ist. Dass die Klientin nicht flexibel zwischen Sachorientierung und zwischenmenschlicher Kommunikation zu unterscheiden weiß, war dabei für die Landesbehörde zunächst von Vorteil. Die fehlende Flexibilität macht sie immun sowohl gegen Einschüchterungsversuche als auch gegen Verführungsangebote. Erst nachdem sich die Sachlage nach außen verbessert hat, wird der kollegiale Unmut gehört, den ihre rigide Struktur im zwischenmenschlichen Bereich auslöst. Bei der Klientin könnten es frühe, nicht ausreichend gute Beziehungserfahrungen gewesen sein, die zu einer rigiden Sachorientierung mit Entwertungen im zwischenmenschlichen Bereich geführt haben, die sie am Arbeitsplatz wiederholt.

Im Coaching lernt sie mithilfe selektiv authentischer Reaktionen der Beraterin, dass ihre Art der „Friss oder stirb" Kommunikation in der Krise von der Landesbehörde zwar zur Wiederherstellung der Reputation in der Öffentlichkeit benutzt wurde, aber weder ihr selbst noch der Organisation auf Dauer dienlich ist. Nachdem der Schaden im Außen „repariert" ist, gilt es nun, flexiblere Kommunikationsmuster aufzubauen, die ihre Mitarbeiter und Kollegen zur Kooperation motivieren, um sich dauerhaft für die Belange der Umwelt einzusetzen. Das fällt nicht leicht. Dennoch lässt sich die Klientin im Coaching auf einen Prozess ein, in dem sie von der Beraterin immer gestoppt und konfrontiert wird, wenn bei dieser oder jener Äußerung für die Beraterin die Grenzen des Erträglichen überschritten sind (vgl. Hartkamp 2016):

---

**Beispiel**

„In Ihrem Umgang mit Mitarbeiter XY kann ich Ihnen nicht folgen. Ihre harsche Kritik wird ihn verletzt haben. Und das tut seiner Arbeit und ihrem Führungsstil Abbruch. Ich weiß, Sie stehen unter Zeitdruck und vielleicht ist er in seiner Arbeitsweise etwas umständlich; vielleicht haben Sie aber auch übersehen, dass er es Ihnen in seiner Gründlichkeit besonders Recht machen wollte. Dafür würde ich ihn loben."

In dieser Hin-und-her-Identifizierung (mal mit der Klientin, mal mit dem Mitarbeiter) übernimmt die Beraterin die Rolle eines Hilfs-Ich, an dem sich die Klientin ausrichten kann. Nicht zuletzt lässt sie sich auf die Konfrontationen ein, weil sie sich auch im Privatleben von ihrer Familie entfremdet und isoliert erlebt. Sie erkennt, wenn auch widerwillig, dass sie Hilfe benötigt. Das Coaching endet mit ihrer Beförderung zur Regierungsdirektorin, eine Position, die ihrer Funktion entspricht. Sie freut sich sehr. Darüber hinaus entscheidet sie sich, für ihre private Situation eine Psychotherapie zu absolvieren.

## 3.2  Dem Kollegen habe ich gesagt: Deine Frau möchte keine Ratschläge; sie möchte, dass Du zuhörst

Der Klient ist seit über dreißig Jahren im Unternehmen. Nach Fachhochschulreife und Ausbildung zum Elektroinstallateur hat er die Weiterbildung zum Meister absolviert. Später wurde das kleine deutsche Unternehmen für Sanitärarmaturen an einen großen amerikanischen Konzern verkauft. Seit kurzem hat der Klient als Produktionschef Führungsverantwortung für 30 Mitarbeiter, sechs davon sind „direct reports". Zur (Weiter-) Entwicklung von Soft Skills, wie das Delegieren von Arbeitsaufgaben und das Einüben von Kommunikationsmustern, die auch die emotionale Basis des Denkens und Handelns berücksichtigen, sind die Führungskräfte im Unternehmen gehalten, nicht nur Trainings in der Konzernzentrale in den USA wahrzunehmen, sondern auch „personal coachings" zu nutzen.

Der Klient stellt sich der Beraterin mit den Worten vor, dass er kein konkretes Anliegen habe. Aber – und nun wirkt er etwas unsicher – sein Chef habe gesagt, er könne im Coaching auch Privates besprechen. Dann beginnt er ohne große Umstände zu erzählen. Seine Frau unterbinde immer wieder mal den Internetzugang ihres Sohns (15), und zwar von jetzt auf gleich, und mache damit das Spiel „kaputt". Das macht ihn ärgerlich, manchmal richtig wütend, auch weil sie keine vernünftigen Gründe für ihr Verhalten nennen könne. Die Beraterin ist verblüfft über diesen Beginn. Emotionen als Grundlage des eigenen Handelns und Verhaltens zu akzeptieren, ist für den Klienten wohl eine „weibliche" Charaktereigenschaft und der männlichen Logik scheinbar unzugänglich. Wird „emotional" argumentiert, fühlt er sich ohnmächtig, und das macht ihn wütend. Dass die Beraterin eine Frau ist, möchte er nun instinktiv für ein besseres Verständnis seiner

Ehefrau nutzen. Denn Rückhalt der Familie ist eine seiner wichtigsten Ressourcen im Arbeitsleben.

---

**Beispiel**

„Vielleicht fühlt sich ihre Frau ein wenig ohnmächtig bei so viel Technikbegeisterung von Mann und Sohn; vielleicht hat sie die Erfahrung gemacht, dass nur „Sabotage" dazu führt, von ,Ihnen beiden gesehen oder gehört zu werden.' ,Da könnten Sie Recht haben' antwortet der Klient, ,meine Frau sagt häufig, sie brauche keine Ratschläge von mir. Ich solle ihr einfach mal zuhören.'"

Dass die Beraterin bereit ist, sich ganz unorthodox auch auf die häuslichen Konflikte des Klienten einzulassen und dabei Einblicke in die emotionalen Ursachen für das übergriffige Verhalten der Ehefrau ermöglicht, wirkt wie eine Rückversicherung auf den Klienten Die Beraterin hat den Test bestanden. Dass sich so eine dem Klienten vertraute Verteilung der Geschlechterrollen konstituiert, definiert den intermediären Raum. Die Beraterin ist zuständig für Emotionales, der Klient für Technik und Sachfragen. Der Klient kann sich nun auf so einen heiklen „Psychokram" wie Coaching einlassen.

Nun fallen dem Klienten berufliche Themen ein. Er erzählt, dass die Geschäftsführung ihn aufgefordert habe, seinen Abteilungsleitern mehr Führungsverantwortung zu übertragen. Bisher habe er alle Produktionsprozesse selbst kontrolliert. Außerdem gebe es seit kurzem einen Betriebsrat, der nur Schwierigkeiten mache. Wenn seine Männer am Samstag arbeiten wollten, um einen Auftrag fristgerecht abzuwickeln, lege der Betriebsrat ein Veto ein. Zwei seiner Männer seien auch im Betriebsrat und würden diese Entscheidungen mittragen. Dann würde er auch schon mal laut, was aber nicht zur „Philosophie" des amerikanischen Unternehmens passe. Das musste er bei einem Training für Führungskräfte in den USA erfahren.

Die Firma gehört zu den hoch spezialisierten Industrieunternehmen, die eine Nische am Weltmarkt gefunden haben. Oft in ländlichen Gebieten angesiedelt, haben diese Industrieunternehmen kaum 100 Beschäftigte, überwiegend gut qualifizierte männliche Facharbeiter. Das Geschäftsmodell dieser Betriebe besteht darin, hohe Qualität zu entsprechenden Preisen zu liefern, und das möglichst flexibel. Das erklärt auch den Charakter der Beziehung zwischen Unternehmen und Beschäftigten. Es wird gutes Geld gegen Flexibilität getauscht, Vertrauen gegen Loyalität. Die Arbeitsverträge sind nicht tarifgebunden, sie lehnen sich aber durchaus an Tarifverträge an; auch die Beziehungen zwischen Management und Belegschaft orientieren sich an den Umgangsformen in mitbestimmten Unternehmen. Die beiden Seiten agieren so, als ob es bereits einen Betriebsrat gebe. Die

Führungskräfte sorgen sich, ein Betriebsrat würde Abstimmungsprozesse verlängern; darum sprechen sie sich nicht für die Gründung einer Interessenvertretung aus. Aber sie „versuchen nicht, einen Betriebsrat mit allen (auch unerlaubten) Mitteln zu verhindern, sondern bieten den Beschäftigten stattdessen andere, informellere Formen der Interessenvertretung an" (http://www.boeckler.de/7030_1069.htm).

Die Beraterin kennt das Unternehmen aus diversen Coachings und weiß, dass aufgrund der Fusion ein Betriebsrat eingerichtet werden musste. Der Klient ist jedoch nach wie vor mit der alten Firmenkultur identifiziert. Man fühlte sich als Familie, in der alle an einem Strang ziehen, und gleichzeitig war die Rolle des Produktionsleiters durch hervorragende Sach- und Fachkenntnisse definiert. Auch die meisten seiner Mitarbeiter werden von einem Vorgesetzten sachliche Anweisungen und nicht „lange Diskussionen" erwarten.

**Beispiel**

„Es kommt mir so vor, als hätten Sie viele neue Herausforderungen zu bewältigen. Es gilt Führungsaufgaben an ihre Abteilungsleiter zu delegieren und diese in die teamorientierte Unternehmensphilosophie einzubinden. Ich vermute, dass Ihre Abteilungsleiter und die Mitarbeiter teamorientierte Diskussionen jedoch für Zeitverschwendung halten und die Arbeit der Kollegen im Betriebsrat überflüssig finden."

Diese Vermutung kann der Klient bestätigen. Er wirkt erleichtert, dass hier etwas ausgesprochen werden konnte, was im Konzern schon fast Tabu ist. Die Beraterin kann fortfahren:

**Beispiel**

„Vielleicht sind Sie auch selbst nicht davon überzeugt, dass teamorientierte Führung sinnvoll ist. Sachorientierte Vorgaben führen in der Produktion zum Ziel. Und doch möchten Sie in ihrer neuen Position alles richtig machen." Nun muss der Klient ein wenig lachen. Ich habe ihn wohl „ertappt" bei einem Dilemma: Er findet einige der Vorgaben unpassend, traut sich aber nicht, diese eigenmächtig an die lokalen Bedingungen anzupassen. Jetzt interveniere ich noch ein wenig „ketzerischer": „Vielleicht ist ja nicht alles, was an Vorgaben zum Thema „Führung" aus den USA kommt, so ganz ernst zu nehmen. Vielleicht müssen Sie mehr Vertrauen in ihre eigene Wahrnehmung haben und die Vorgaben anpassen an das, was im Moment für Ihre Mitarbeiter gut und richtig ist. Führung heißt auch, Verantwortung für eigene, manchmal auch abweichende Entscheidungen und Haltungen zu übernehmen. Im Unternehmen traut man Ihnen doch einiges zu."

Es ist nicht Ziel Psychodynamischen Coachings, den Klienten an „Vorgaben" aus dem Unternehmen anzupassen, wenn sie dem Coach auch noch so sinnvoll und kreativ erscheinen. Gerade in Change-Prozessen müssen Führungskräfte eine gesunde Balance zwischen den bewussten und unbewussten Veränderungswiderständen der Mitarbeiter und den Verordnungen der Konzernspitze herstellen, die sich an den wirtschaftlichen Interessen der Shareholder ausrichten (Lewkowicz und West-Leuer 2015). Der Bruch in der Unternehmenskultur durch die Übernahme eines amerikanischen Großkonzerns hat zu einer Entfremdung der Mitarbeiter in der Produktion geführt, die der Klient exemplarisch durch sein Festhalten am alten Führungsstil „Einer sagt an, wo´s lang geht, die anderen folgen" inszeniert. Das Unternehmen versucht, Selbststeuerung und teamorientierte Führung zu *verordnen*. Das ist paradox und funktioniert nicht. Indem die Beraterin den Klienten ermuntert, selbst zu entscheiden, in welchem Maße und in welchem Tempo er das Führungsprinzip verändert, unterstützt und fördert sie seine Selbstmanagementkompetenzen. In seiner Persönlichkeit eher traditionell strukturiert und auf Sicherheit und Kontrolle bedacht, haben ihm die neuen Vorgaben Stress bereitet; so sind vorübergehend Ich-Funktionen wie beispielsweise Impulsregulation, Kompetenzgefühle und Mut zu einem angemessenen, autonomen Handeln in den Hintergrund geraten. Auch sein Urteilsvermögen, dass die Einrichtung eines Betriebsrats auch positive Auswirkungen auf das Unternehmen haben könnte, ist eingeschränkt. Er spürt nur die unmittelbare Störung des Betriebs.

Dadurch, dass die Beraterin den Klienten unterstützt und sich in Hilfs-Ich-Position zunächst auf die Seite des Widerstands gegen die neue Unternehmenskultur stellt, ist er entlastet. Nun fühlt er sich freier, um seinen eigenen Weg zu einem „modernen" Führungs- und Kommunikationsstil zu finden. Als er das nächste Mal ins Coaching kommt erzählt er eingangs, dass er lange nicht verstanden habe, wozu Soft Skills denn nun gut seien.

### Beispiel

„Bei einem der Trainings in den USA habe ich zufällig ein Telefongespräch zwischen einem Kollegen und dessen Frau überhört. Die Frau hat über die vielen häuslichen Belastungen geklagt und der Kollege wollte „gute Ratschläge" geben. Das Gespräch ist eskaliert. Es endete in einem heftigen Streit. Ich habe dem Kollegen gesagt: Deine Frau wollte nur, dass Du ihr zuhörst, nicht aus der Ferne besserwisserische Ratschläge erteilst. Ich weiß das aus Erfahrung. Der Kollege habe daraufhin seine Frau zurückgerufen. Nach einem langen Telefonat war der Konflikt beigelegt."

An diese Erfahrung anknüpfend meint der Klient mit einem Lächeln, er verstehe jetzt besser, dass Soft Skills für Führungskräfte von Bedeutung seien. Er hat wöchentliche Meetings mit seinen Abteilungsleitern eingerichtet, in denen die anliegenden Aufgaben verteilt werden, ohne jedoch auf seine Präsenz in der Produktion ganz zu verzichten. Dort ist er nun weniger für die Kontrolle zuständig, sondern steht als Ansprechpartner für kleine und größere Erfolge und Misserfolge zur Verfügung. Auf Nachfragen der Beraterin, wie sich die beiden Betriebsratskollegen fühlen mögen, zeigt er Verständnis für deren Dilemma zwischen alter und neuer Firmenkultur und entwickelt diskursive Strategien, wie zwischen Produktion und Betriebsrat vermittelt werden könne: „Vielleicht hilft ja gegenseitiges Zuhören!" Zunehmend zeigt sich im Verlaufe des Coachings das Kompetenzgefühl des Klienten gestärkt und seine Fremdwahrnehmung erweitert. Er ist auf einem guten Weg, seine eigene „Führungsphilosophie" zu entwickeln.

Es sei noch darauf hingewiesen, dass in den Berichten über die häuslichen Kommunikationsmuster zwischen Müttern und Söhnen, Frauen und Männern die gesamte Spannbereite des Beratungsanliegens des Klienten enthalten ist, jedoch verschoben auf ein anderes Feld: die festgefahrene Situation zwischen Ehefrau und Sohn spiegelt den Konflikt zwischen Betriebsrat und Kollegen. Und die sachorientieren Ratschläge des Ehemanns spiegeln sich in dem „hands-on" oder konkretistischen Führungsstil des Produktionsleiters. Dies gilt es zu beachten, wenn Führungskräfte im Coaching von scheinbar nebensächlichen Schauplätzen berichten. Erzählstränge im Coaching konstituieren sich eben nicht logisch von A nach B, sondern werden von psychologischen Wirkmechanismen gesteuert. So gehen wir manchmal „krumme Wege", im Sinne der englischen Redewendung, dass Umwege unsere Landschaftskenntnis verbessern.

## 3.3   … weil ich es so möchte?

Die Bereichsleiterin einer städtischen Stiftung für Bildung kommt ins Coaching, weil Teammitglieder die Beraterin empfohlen haben. Diese hat vor einiger Zeit eine Krisenintervention in der Einrichtung moderiert. Die Bereichsleiterin ist seit acht Monaten in ihrer Position. Vorher hat sie eine kleinere Einrichtung in einer anderen Stadt geleitet. Ihr Anliegen ist vordergründig klar umrissen: die Beraterin soll ihr sagen, wie sie aus den drei Subteams der Einrichtung ein Gesamtteam machen kann. Es habe eine etwas schwierige Situation und einen Konflikt in dem größten der Subteams gegeben.

**Beispiel**

„Ich habe in einer Sitzung mit diesem Subteam gemeinsame Fallsupervision für alle drei Teams vorgeschlagen. Danach haben sich die Kollegen ohne mich getroffen, um über meinen Vorschlag zu beraten. Ich bin zufällig dazu gestoßen; zunächst war ich verletzt, dann habe ich mich geärgert und eine Mail geschrieben, um solche heimlichen Treffen „ein für allemal" zu unterbinden." Auf Nachfragen der Beraterin, warum die drei Teams gemeinsam Fallsupervision bekommen sollen, antwortet die Klientin: „Weil ich das so möchte? Die drei Teams waren sehr zerstritten und sie sollen nun zu ein Gesamtteam werden."

Die Beraterin hatte sich gefreut, von der Einrichtung zu hören, und auch darüber, dass eine neue Leitung eingestellt wurde. Nach Aussagen der HR-Abteilung wurde die Leitung ausgewechselt, weil die bevorzugten „Führungsinstrumente" des ehemaligen Leiters „Spaltung" und „Entwertung" gewesen seien. Dieser ehemalige Leiter ist nun Mitglied eines der beiden kleineren Teams in einem anderen Bildungsbereich. Die Bereichsleiterin ist jung und engagiert und möchte die Stiftung nach vorne bringen. Im Vorstand der Stadt erwarte man eine „gelingende" Außenrepräsentanz der Stiftung durch die Neubesetzung der Leitung. Die Schilderung der Leiterin über ihren Konflikt mit dem Subteam löst jedoch Unbehagen in der Beraterin aus.

**Beispiel**

„Ich merke, dass ich mich über die junge Bereichsleiterin ärgere: „Wie kann sie so unbedarft und unempathisch mit den Teams umgehen?" Wie kann sie überhaupt auf die Idee einer gemeinsamen Fallsupervision kommen? Die Fachgebiete der Teams sind sehr unterschiedlich; außerdem waren die Beziehungsmuster innerhalb der Teams und teamübergreifend lange Zeit durch Rivalität und Entwertungen geprägt. Ein fruchtbares Miteinander erscheint auf absehbare Zeit kaum möglich."

Die Reflexionen zeigen, dass die Beraterin mit den Teammitgliedern identifiziert ist, nicht zuletzt, weil sie in Krisenzeiten mit ihnen gearbeitet hat. Der Bereichsleiterin ist dies bekannt. Für ihr Coaching mag sie in der Beraterin eine Person gesucht haben, die zwar von extern kommt, aber dennoch die emotional schwierige Teamsituation am „eigenen Leibe" erlebt hat. Auf Nachfragen, wieso aus den drei Teams ein Gesamtteam werden soll, zitiert die Klientin die Managementliteratur. Schließlich sei es ihre Aufgabe, gemeinsame Ziele und Strategien für die

Einrichtung festzulegen. So könne es ihr gelingen, eine gemeinsame Zukunftsvision zu formulieren und nach außen zu kommunizieren. Außerdem gelte es, nach vorne zu schauen und die alten Konflikte und Rivalitäten zu vergessen.

Diese forschen Aussagen wirken auf die Beraterin ein wenig wie „Pfeifen im Wald". Versucht die Klientin, Zweifel an ihren Führungskompetenzen vor sich und anderen zu verstecken? Durch ihre Abwehr kann sie es verhindern, die Spannungen und Unsicherheiten wahrzunehmen und auszuhalten, die sie „geerbt" hat, was tatsächlich eine Führungsschwäche ist. Die „Empörung" der Beraterin über die Leiterin spiegelt wahrscheinlich die Empörung des Teams über ihr rigides bis paranoides Vorgehen. Dann könnte das Leugnen ihrer Schwierigkeiten dazu führen, sich nicht nur von dem Subteam, sondern auch vom Gesamtteam zu entfremden, statt es sich vertraut zu machen. Dies gilt es, der Klientin zur Verfügung zu stellen. Damit die Beraterin eine authentische Antwort formulieren kann, muss sie jedoch zunächst den eigenen, selbstgerechten Affekt: „Wie konnte sie nur!" neu bewerten: „Ihre Situation ist aber tatsächlich schwer zu bewältigen." Die Intervention soll der Leiterin die Sorge der Beraterin vermitteln, dass sich, als Reaktion auf ihre Sanktionierung des Subteams, die destruktiven Prozesse im Gesamtteam wiederholen könnten; und gleichzeitig sollte die Intervention der Leiterin einen Weg eröffnen, die Motive für ihr abwehrendes Verhalten zu verstehen.

---

**Beispiel**

„Ich habe ein wenig Sorge um Sie. Ich frage mich, ob eine solche Fallsupervision im Moment ein geeignetes Instrument sein kann, damit die zerstrittenen Teams zu einem Team zusammen wachsen. Die alten Verletzungen mögen nicht verheilt sein. Gleichzeitig frage ich mich, was die Gründe für Ihren Wunsch sein mögen, möglichst schnell ein Gesamtteam zu präsentieren."

---

Die Klientin erzählt plötzlich erleichtert, dass sie sich durch den Vorstand unter Druck gesetzt fühlt, der keine schlechte Presse möchte. Sie habe die Probezeit zwar hinter sich, aber so ganz sicher fühle sie sich nicht in ihrem Job.

Im Gespräch wird deutlich, dass sie kaum zwischen ihren inneren Bildern und einer potenziell realen Bedrohung (durch den Vorstand) zu unterscheiden weiß. Den Druck, den sie selbst empfindet, verschiebt sie auf ihre Teams. Sollte sie den (fantasierten) Ansprüchen des Vorstands nicht entsprechen, kann sie den Kollegen die Schuld geben. Um ihre existenziellen Ängste einzudämmen, regt die Beraterin an, sich ganz realistisch auf die Primäraufgaben der Bildungseinrichtung zu konzentrieren. Sie tut dies, und es zeigt sich bald, dass die Beratungsleistungen ihrer Teams von hoher Akzeptanz in der Öffentlichkeit sind. Das kommt den

Qualitätsbemühungen des Vorstands entgegen. Das Bedrohungsszenario verliert an Gewicht. Gestärkt durch neues Selbstvertrauen gelingt es ihr, den Vorstand und die HR-Abteilung davon zu überzeugen, dass jedes Team für sich Teamsupervision und Konfliktmoderation benötigt, um zunächst die „Vergangenheit" angemessen zu bearbeiten. Die Teams fühlen sich besser verstanden und wertgeschätzt, ein erster Schritt auf dem Weg zu einer gemeinsamen Identität unter neuer Leitung.

Fazit: Die junge Bereichsleiterin konnte die Beraterin als alternatives Ich-Ideal für sich nutzen, nachdem letztere ihre negative Gegenübertragungsgefühle abgelegt hat. Die Fallanalyse zeigt, dass das Wissen der Beraterin um die gruppendynamischen Prozesse in den Teams hilfreich war, um einer Konflikteskalation zwischen neuer Leitung und Teams entgegenzuwirken, ein Argument dafür, dass in jedem Einzelcoaching gruppendynamische Elemente einfließen und – im günstigen Fall – mitbearbeitet werden können.

# Fallvignetten und Interventionen: Gruppencoaching

**4**

## 4.1 Psychodynamisches Teamcoaching „on the job" zwischen Aufbruch und Resignation

Am Beispiel eines Teamcoaching-Prozesses von Führungskräften eines Bereichs eines Weltkonzerns soll im Folgenden aufgezeigt werden, wie sich Gefühle von Lust und Unlust zwischen einem Topmanager (Entscheider) und seinen nachgeordneten Führungskräften aufteilen können.

### 4.1.1 Auftakt

Der Entscheider verkörpert in seiner Person und Rolle Neugier, Elan und Lust an Veränderung. Bei seinen nachgeordneten Führungskräften herrschen hochgradige Unlustgefühle vor, vor allem durch einengende Kommunikations- und Unternehmensstrukturen, die wenig Raum für Ungeplantes und Unvorhergesehenes lassen und Gefühle aus dem Kommunikationsraum verbannen.

Die Hardware-Abteilung „Network Solutions" drohte „outgesourced" zu werden. Sie ist durch Umstrukturierungen, flachere Hierarchien und sozialverträglichen Mitarbeiterabbau unter der Vorgabe „gerettet" worden, dass die Organisation kleiner werden sollte. Vernetzt ist der Bereich mit den Abteilungen

- Software
- Produktmanagement
- Fertigung

Es herrscht ein Doppelprinzip: Jeder Bereich hat zwei Personen an der Spitze: einen Kaufmann und einen Techniker.

© Springer Fachmedien Wiesbaden 2017
M. Löwer-Hirsch und B. West-Leuer, *Psychodynamisches Coaching für Führungskräfte*, essentials, DOI 10.1007/978-3-658-14856-0_4

Folgende Gründe waren Anlass für die Umstrukturierung:

- Die Aufgaben waren zu klein gestückelt.
- Es gab zu viele Hierarchieebenen.
- Die Kernaufgaben wurden in das Verhältnis zu Support-Stunden gesetzt.
- Zusätzliche Leistungen mussten eingekauft werden.
- Es gab kein Skill-Management.

Der Entscheider (Bereichsleiter) Herr Z. mit seinen fünf Abteilungsleitern unter Einbeziehung ihres Chefs (Mitglied des Konzernvorstands), hatten ein intensives psychodynamisch ausgerichtetes Teamcoaching während des Umstrukturierungsprozesses. Aufgrund des positiven Eindrucks dieses Coachings entstand bei dem Bereichsleiter der Wunsch, ein solches Teamcoaching auch der gesamten nächsten Führungsebene, fünf Abteilungsleiter mit ihren jeweiligen Führungskräfteteams, zukommen zu lassen.

Jeder AL hat ein Führungskräfteteam von 6–10 Personen. Diese wiederum leiten je eigene Teams gleicher Größe In der Auftragsklärung mit dem Bereichsleiter Herrn Z. wurde deutlich, dass er sich die Zusammenarbeit mit den Abteilungsleitern und ihren Führungskräften, die direkt an die Abteilungsleiter berichten, schneller und flexibler wünschte. Er war der Meinung, dass die Führungskräfte ihre Freiräume nicht genügend nutzen würden. Um das zu klären, sollten Ideen und Probleme auf den Tisch kommen.

Es wurde ein Workshop über einen Zeitraum von drei Tagen mit einer gemeinsamen Auftaktsitzung konzipiert. Fünf Teams, d. h. fünf Abteilungen mit ihren jeweiligen Abteilungsleitern und deren nachgeordneten Führungskräften wurden von je einem Coach durch das Wochenende begleitet. Diese Teams waren also nicht „off the job" zusammengeführt, sondern bestanden als reale Teams seit etwa einem halben Jahr nach der Umstrukturierung des gesamten Bereichs.

Vor Beginn der Auftaktsitzung fand ein weiteres Vorgespräch mit dem Bereichsleiter Herrn Z. und allen fünf Coachs, drei Männern und zwei Frauen, statt, in dem der Bereichsleiter seine Erwartungen spezifizierte:

- die Abteilungen sollten mit den neu gebildeten Führungskräfte-Teams effektiver zusammenarbeiten und besser kommunizieren,
- die Teams ihre möglichen Freiräume, neue Projekte zu entwickeln, ausloten,
- das Zusammenspiel des jeweiligen Teams mit dem korrespondierenden Abteilungsleiter im Hinblick auf mögliche Reibungsverluste analysiert und verstanden werden,
- es mögen, zentriert um die Aufgaben, Feedback Möglichkeiten genutzt werden mit dem Lerneffekt, dass bisher Unausgesprochenes ausgesprochen werden könne, ohne dass etwas „Schlimmes" passieren würde.

Alle Führungskräfte hätten dieselbe berufliche Identität, aber jeder möge sich trauen, seine berufliche Rolle persönlichkeitsbezogen auszuüben. Es möge für alle klar werden, dass bei dieser „freien" Art des Führungsteam-Coachings jeder Einfluss nehmen könne, es zum ersten Mal stattfinde und etwas Besonderes sei. Ein offenerer Umgang miteinander sei das Ziel, und möge dazu führen, dass jeder Einzelne seine Ideen einbringen kann, um die Organisation erfolgreicher zu machen.

Der Workshop umfasste neben den Coaching-Sitzungen für die fünf Teams plenare Zusammenkünfte, in denen die einzelnen Teamcoaching-Prozesse für den gesamten Bereich gemeinsam reflektiert wurden.

Zum Auftakt im Plenum erläuterte der Bereichsleiter den Auftrag und versuchte, enthusiastisch Schwung in das Unterfangen zu bringen. Das war gut gemeint und entsprach seiner ehrlichen Überzeugung, dass die nächsten Tage eine ganz besondere Gelegenheit zum Austausch bieten sollten und entsprach seiner Lust an Veränderung und Aufbruch. Allerdings sah die Beraterin schon Skepsis in den Gesichtern der Führungskräfte und ihren Abteilungsleitungen, dass es sich wieder einmal um „so ein Commitment-Training" handeln könnte, von denen sie im Laufe der Jahre schon etliche hinter sich gebracht hatten. Die Atmosphäre war abwartend bis eisig. Es ist Entscheidern häufig nicht bewusst, dass ein Dagegenhalten gegen Unlust mit flammenden Reden die Lage keinesfalls verbessert.


## 4.1.2   Der Coachingprozess mit dem Abteilungsleiter Herrn A. und sechs männlichen Führungskräften

Alle Mitglieder dieses Führungsteams sowie der Abteilungsleiter sind Ingenieure und Entwickler. Es gibt keine Vorgaben vom Coach (im folgenden Beraterin genannt), keinen Moderationskoffer und auch keine Power-Point-Präsentation, was Irritationen auslöst und ungewohnt zu sein scheint. Es wird deutlich, dass ein Mitglied des Teams, Herr B. als einziger im Team zum ersten Mal Personalverantwortung und eine fest umschriebene n e u e Aufgabe hat. Die Themen, die die Teilnehmer besprechen möchten, entwickeln sich im Prozess. Die Beraterin begleitet den dynamischen Prozess, kommentiert und interpretiert das Geschehen.

Das Image des Konzerns – weltweit – wird in den Blick genommen. Der Abteilungsleiter Herr A. sagt gleich zu Anfang, dass es ihn bedrückt, dass ein fähiger, junger Mitarbeiter von einem anderen, kleineren Unternehmen abgeworben werden konnte, weil kleinere Unternehmen mehr Spielraum für Entfaltung lassen und deshalb attraktiver seien. Die Berufsgeschichte der einzelnen Mitarbeiter kommt zur Sprache und der Frust, dass viele von ihnen entwickelte

Projekte gar nicht in die Produktion gekommen sind, manche vorher „abgetrieben" wurden. Ein großer Spagat ist erforderlich zwischen der Aufgabe, die alten und gelegentlich schon „überholten" Anlagen zu betreuen, und gleichzeitig innovativ zu sein und Neues zu entwickeln. Auch erzeuge dies Spannungen im Team. Es gibt latente Vorstellungen von: „Wer hauptsächlich die Betreuung von alten Anlagen macht, gehört zum ‚alten Eisen', macht ‚niedere' Arbeiten, während andere hauptsächlich Neues entwickeln und deshalb ‚höher' in der informellen Hierarchie stehen." Die Spannung zwischen Lust und Unlust wird schon entlang dieser Beschreibung der Arbeitsaufgaben deutlich. Indem sie die Spannungen ansprechen, gehen die Teilnehmer bereits ein hohes Risiko ein. Das war bisher ein Tabuthema.

Unser Fühlen und Denken funktioniert häufig „doppelt", das heißt, dass uns etwas bewusst ist und doch nicht bewusst ist, und während wir es aussprechen, entsteht erst eine Kongruenz zwischen Fühlen und Denken. Der Psychoanalytiker Christoph Bollas (1987) hat diesen Prozess des Aussprechens als die Hebung von „ungedachtem Wissen" bezeichnet.

Im Verlauf des Prozesses wird von einem Teilnehmer das Projekt „passage-way" erwähnt. Dieses Projekt ist zum Zeitpunkt des Coachings in der Endphase. Schon kündigen sich Geburtswehen an, Fehler tauchen auf. Die Fehleranalysen gehören zu den belastenden und eher langweiligen Tätigkeiten. Immer kurz vor Ende eines Projekts taucht die Frage auf, ob das Kind überhaupt zum Leben erwachen kann oder darf. Gerade in diesem Entwicklungsstadium ist Teamgeist gefragt. In Abwesenheit des Verantwortlichen Herrn O. – er hatte Urlaub – musste eine „task force" gegründet werden. Kränkungen und misslingende Zusammenarbeit kommen zur Sprache. Auf unterster Ebene wurden und werden Fehler gemacht, aus psychischen Widerstandsgründen, wie sich herausstellt. Das Team taucht in dieser Sitzung mitten in die tägliche Arbeit ein und spricht die dazugehörigen Gefühle von Ohnmacht, Frustration und mangelnder Anerkennung aus, was bisher vermieden wurde. Am Ende taucht für die Beraterin überraschenderweise die Frage auf, ob die Arbeit an dem Beispiel „passage-way" nicht ein Umgehen des Teamcoachings sei, ob man denn miteinander nicht „zur Sache" kommen wolle. Herr O. ist aber froh, dass er passage-way hier besprechen konnte. Der Abteilungsleiter fragt die Beraterin, ob es auf diese Weise weitergehen solle…

**Beispiel**

Ich war bisher zufrieden mit dem Verlauf der Sitzung und bin irritiert. Das Aussprechen und der Austausch über das laufende Projekt scheint plötzlich nicht viel wert gewesen zu sein, so als habe man die ganze Zeit auf den

„großen Wurf" gewartet. Ich bin froh, dass wenigstens Herr O. erleichtert ist. Meine Gegenübertragungsgefühle sind aufkommendes Unwohlsein und Unwillen. Sie signalisieren mir, dass mich womöglich die gleichen Frustrationsgefühle ergreifen sollen wie das Team, obwohl ich dachte, dass gerade Schwung in das Teamcoaching gekommen sei: das Thema, ob denn ein Kind, ein Projekt, leben darf oder sterben muss, scheint mir nach wie vor elementar. Womöglich soll ich verführt werden, mehr Schwung in die Arbeit zu bringen, um dann genau wie der Auftraggeber Herr Z. in der Auftaktsitzung mit seiner schwungvollen Rede abzublitzen?

Das hochbrisante Thema, dem sich die Teammitglieder genähert hatten, wie es denn jedem mit seiner Arbeit **wirklich** geht, soll unbewusst abgewehrt werden, da die Entstehung von etwas Neuem als erste Reaktion in der Regel Unsicherheit und Ängste hervorruft. Das Neue hier ist das gemeinsame Durchfühlen der Mühe und Frustrationen, mit denen die tägliche Arbeit und auch das Miteinander unterlegt sind. Die Frage: „Wer genau gehört denn zu den ‚Höheren', die Innovatives leisten und wer zu den Niederen'", die veraltete Anlagen betreuen? Darf das ausgesprochen und sichtbar werden?

Nach einer Schweigephase werden nun doch weitere einzelne Arbeitsbeziehungen besprochen und geklärt. Es zeigt sich, dass es für einen solchen Austausch keine lebendige Kultur gibt. Herr B. gestaltet den Austausch wie eine ritualisierte Feedback-Runde. Er holt tief Luft und sagt zu jedem der Anwesenden etwas, ohne jedoch wirklich in Beziehung zu treten. Diese „technisch" anmutende Methode wird von der Beraterin infrage gestellt. Sie äußert, dass so keine lebendige Beziehungsklärung funktioniere, sondern dass dies ein Beispiel dafür sei, wie man Kontrolle behalten und etwas abhaken könne. Trotz dieser Intervention macht der nächste Teilnehmer so weiter. Als dieser bei seinen Rundum-Feedbacks bei seinem Chef ankommt, hakt die Beraterin wieder ein. Sie verdeutlicht, dass Feedback umso effektiver ist, je mehr die Äußerung von Gedanken und Gefühlen dem Austausch dient und nicht darum, einfach einmal etwas loszuwerden. Jetzt kommt es zu einer Klärung. Das Teammitglied fühlt sich seit einiger Zeit von seinem Chef nicht verstanden. Der Chef wiederum wundert sich, dass, wenn sie feste Absprachen treffen, Herr B. etwas ganz anderes verstanden habe, und die Aufträge nicht oder anders umsetzt. Diese Erkenntnis überrascht beide und führt zu einer deutlichen Entspannung zwischen ihnen. Der Chef, der Abteilungsleiter Herr A., hält in der Runde nun seinerseits eine programmatische Rede, so wie sein Chef Herr Z. in der Auftaktrunde. Er erklärt: „Jetzt wird alles anders. Wir gehen mit Lust und Schwung in die Zukunft. Der Erfolg ist damit vorprogrammiert."

Die Beraterin hat Sorge, dass er dadurch die Stimmung des langsamen Vortastens bei einigen Gruppenmitgliedern zerstören könne und dem Schwanken zwischen Verharrungswunsch, Resignation und vorsichtigem Aufbruch nicht genug Raum bleibt. Auf ihre Frage, wie die Äußerungen des Chefs gewirkt haben, antwortet mindestens die Hälfte des Teams, dass die schwungvolle Rede bei ihnen auf große Skepsis gestoßen sei. In einer Prozessanalyse kann die Beraterin zeigen, dass Programmatik zu diesem Zeitpunkt noch wenig bewegt, weil eine „ausreichende" Klärung des Istzustandes noch nicht stattgefunden hat (vgl. West-Leuer 2003).

Einzelklärungsversuche zwischen einigen Teilnehmern wechseln im Fortlauf mit langen Schweigephasen ab. Diese Schweigephasen auszuhalten und zuzulassen ist essenziell für einen psychodynamisch ausgerichteten Prozess. Es ist so, als müsste das Gruppenunbewusste immer wieder Vertrauen schöpfen, dass es Sinn macht, miteinander bis zum Kern der Probleme vorzustoßen, ohne dass es in einen gegenseitigen Vernichtungskampf mündet. Gerade „langweilige" Sequenzen, in denen scheinbar nichts passiert, können einer solchen Selbstvergewisserung dienen. Folgerichtig kann nun ein wesentlicher Konflikt zwischen zwei Mitarbeitern zur Sprache kommen.

Herr H. greift Herrn B. an und sagt, dass es ihn seit geraumer Zeit ärgert, dass Herr B. keinen Teamgeist zeige und nur daran interessiert sei, seine eigenen Projekte vorwärts zu treiben. Herr B. verteidigt sich. Die Beraterin kann verdeutlichen, dass es sich hier um einen verschobenen Konflikt handelt. Diese Auseinandersetzung müsste eigentlich mit dem Chef geführt werden, der ja Herrn B. eine Sonderaufgabe übergeben hat.

Danach findet erneut eine angeregte Diskussion rund um das Thema statt, ob sich denn der enorme Einsatz hier und heute lohnt, an der sich dieses Mal jedoch alle beteiligen. Es sei ja nicht auszuschließen, dass in einem halben Jahr wieder umstrukturiert oder der ganze „Laden" geschlossen würde. Das Team nähert sich vorsichtig dem Bild Luthers: „Und wenn ich wüsste, dass die Welt morgen zugrunde ginge, so würde ich noch heute ein Apfelbäumchen pflanzen."

Herr F. resümiert den ersten Tag und den Prozess. Er schöpfe langsam Hoffnung, dass es wirklich von Oben ernst gemeint sei, die Mitarbeiter mitgestalten zu lassen. Er erlebe dieses Teamcoaching als etwas völlig anderes, als was er bisher mitgemacht habe. Sie seien schon öfter zu Kommunikationstrainings geschickt worden: Jede Menge Folien, Flip-Charts und Moderationskärtchen. Man habe es irgendwie über sich ergehen lassen, gute Miene zum Spiel gemacht, aber es sei nichts bewegt worden. Er wisse noch nicht, wie das jetzt hier funktioniere, es würde ja auch gelenkt, aber er sei sehr bewegt über das, was hier passiert sei. Das wäre ein guter Abschluss für den ersten Teamcoaching Tag gewesen, aber ein sehr rationaler Mitarbeiter, Herr K., der immer wieder auf die Uhr guckte und häufiger gähnte, fängt kurz vor Ende unvermittelt eine Diskussion über Effizienz mit dem ebenfalls sehr rationalen Herrn B. an. Das Frage-Antwortspiel zwischen beiden wirkt „knochentrocken" und zieht die ganze Atmosphäre lähmend herunter.

> **Beispiel**
>
> Ich denke, dass ich eigentlich gar keine Lust habe, den fruchtbaren Tag so abzuschließen. Es ist also noch nicht sicher, wie viel Lebendiges sein darf oder wie viel „Tödliches" (unfruchtbare Diskussionen) doch die Überhand gewinnen soll. Herr K. hat offenbar das Gefühl, sich bisher für ihn nicht gewinnbringend in den Gruppenprozess einklinken zu können. Ich entschließe mich, den bisherigen Prozessverlauf zu beschreiben und als Tagesausklang mit auf den Weg zu geben, damit die Balance zwischen Lust und Unlust gehalten werden kann.

Die Beraterin beschreibt, wie sich bisher die bewusste und unbewusste Dynamik in der Gruppe entfaltet hat und fragt, ob es wirklich effizient sein könne, eine Viertelstunde vor Schluss ein neues Grundsatzthema zu bearbeiten, das womöglich die Energie aus der Gruppe zieht? Ein Transfer zum eigenen Führungsverhalten in ihren Teams wird hergestellt. Auch sie sollten Achtsamkeit walten lassen, um nicht kurz vor Schluss einer Sitzung ein neues Thema zu bearbeiten. Zumindest sollten sie sich vergewissern, ob andere noch „lustvoll" zuhören können. Zum Abschluss des Tages wird gebeten auf Träume zu achten, die am nächsten Tag gerne in das Teamcoaching eingebracht werden können.

Am nächsten Tag ist die Sitzordnung zum ersten Mal anders. Der Chef sitzt ein wenig weiter weg, bisher saß er eher „bewachend" an der Seite der Beraterin. Mit einem **langen Schweigen** wird begonnen, eher aus schlechtem Gewissen, wenn daran gedacht wird, was für ein Luxus diese zwei Tage sind und ihre Mitarbeiter vor Ort in dieser Zeit schuften. Es werden keine Träume „abgefragt". Aber einige sagen von selbst mit leisem Schmunzeln, dass sie leider keinen Traum behalten haben. Diese Einladung, auch auf Träume zu achten, war wohl mehr als ungewohnt. Dann werden aber doch zwei Träume erzählt:

> **Beispiel**
>
> Herr O.: Er hat geträumt, dass er mit einem Teammitglied, Herrn F., gemeinsam einen Raum vermisst mit Zollstöcken. Sie müssen irgendwie immer auf 1,80 m vermessen. Er denkt, dass diese Zahl zeigen soll, dass es schwieriger ist, als wenn man den 2 m Zollstock zugrunde legen muss.Herr B.: Er sei in oder durch einen dichten Wald gewandert mit einigen Leuten.

So hat also jeder auf seine persönliche Weise von der Organisation geträumt, von der er ein Teil ist, und die Teamsituation, die sich in der Gruppe spiegelt, im Traum bebildert. Einerseits müssen neue Räume abgesteckt, komplizierte Vermessungen vorgenommen werden, andererseits ist das Neue wie im Märchen der Gang des Helden in den dunklen Wald – Symbol für das Unbewusste. Herr O. hat sich sehr sensibel gestern gezeigt und träumt Struktur, Herr B. hat sich sehr kopfbetont gezeigt und träumt Beziehung zum Unbewussten. Anhand der Träume finden Rollenklärungen und Auseinandersetzungen statt, wieder zwischen Herrn H. und Herrn B., aber diesmal auf einer neuen Stufe. Herr B. muss nicht mehr dagegen halten, er formuliert nun ein *Gefühl,* wie von mir offensichtlich gewünscht, was er etwas augenzwinkernd bemerkt. Er kann sagen, dass er die Abgrenzung von den anderen nicht nur aus einer Stärkeposition heraus macht, sondern auch aus Schwäche, weil er der jüngste Gruppenleiter in der Runde sei und erstmalig Personalverantwortung für Mitarbeiter habe. Herr H. kann jetzt akzeptieren, dass Herr B nicht aus einer Arroganz heraus eine Sonderstellung einnimmt. Er wünscht sich nun, dass das Team fest zusammenstehen soll wie eine Kette, in die keiner einen Keil hineintreiben könne. Die Beraterin fragt, ob dieser Wunsch denn realistisch sei? Wenn genügend Platz zwischen den Kettengliedern sei, dann könnte ein Keil ja gar nichts ausrichten.

Der Chef wird im Fortlauf in seiner Rolle immer deutlicher sichtbar in seinem Spagat zwischen der Betreuung alter Anlagen und Entwicklung innovativer Systeme. Die Teammitglieder reflektieren nun ihr eigenes Führungsverhalten in ihren Gruppen. Herr K. meint, wie er denn Teamgeist in seiner Gruppe entwickeln solle, sie säßen ja nicht in den gleichen Räumen. Das „Außen", die Räume, das Gebäude spielen nun eine Rolle. Es zeige sich, meinten die Teammitglieder, dass der Hort des größten Widerstands gegen Veränderung die O I (Organisation Inhouse) sei. Der bürokratische Apparat der Verwaltung, der fast planwirtschaftlich agiere und den Veränderungsprozess im Außen blockiere. Es sitzen immer noch die „alten" Mitarbeiter zusammen, die ja mit den neuen gemischt werden sollten.

In der letzten Sitzung ist wieder eine neue Sitzordnung. Im Gegensatz zum Vortag ist Bewegung spürbar. Der Stuhl der Beraterin wurde benutzt, die Tür nach außen zur Terrasse hin aufzuhalten, was wohl den Abschied vom Teamcoaching und den Ausblick in den Arbeitsalltag symbolisiert. Sie muss ihn sich holen und in die Runde stellen. Es geht nun um Gespräche mit dem Chef. Herrn G. sind Gespräche mit ihm auf dem Flur und unverbindliche Treffen angenehmer als offizielle Gespräche in dessen Zimmer. Es entspannt sich eine Diskussion über den Umgang mit Autoritäten und den entsprechenden Gefühlen dazu. Beide Möglichkeiten sind wichtig, stellt sich heraus, sowohl die unverbindlichen Treffen wie auch der offizielle Austausch. Es geht weiter um den Kontakt zum Chef, um seine Lust auf Neues und seine Beweglichkeit. Das reiße mit, überfordere sie aber auch oft. Daher komme es, dass es eine unausgesprochene Rangordnung der Team-mitglieder auf seine Vorlieben (Innovationskraft) hin gebe. Man ehrt ihn, lobt ihn und sagt gleichzeitig, dass man enttäuscht sei, dass er trotz seiner Fähigkeiten karrieremäßig nicht entsprechend von der Organisation honoriert werde. Man will sich auch in seinem Glanz sonnen können. Der Chef ist sehr betroffen und sagt, dass es ihm ganz wichtig sei, dass seine Leute sich entwickeln und vorwärts kom-men. Das Thema Kompetenzlust an den Aufgaben entlang *oder* Karriere machen wollen und Macht bekommen, und ob nicht *beides miteinander* verfolgt werden kann, wird bearbeitet.

Dann thematisiert Herr F. Lust an und Angst vor den vielen Aufgaben in den nächsten Wochen. Es ist mutig von ihm, Gefühle und auch Angst auszusprechen, er spricht auch für viele, wenn er sagt, dass er wieder Mut habe, die Entwick-lung voranzutreiben. Herr H. spricht auch Befürchtungen aus. Auch die Berate-rin ergreift Sorge. Es geht wohl im Gruppen-Unbewussten auch um die Frage der Nachhaltigkeit des Teamcoachings. Herr B. schwenkt um, er redet von Aufgaben und hält starr gegen die Stimmung der Gruppe, er wechselt einfach das Thema. Die Befürchtung, dass im Abschied die Angst und Unlust, die frustrierenden Anteile an der Arbeit, starkes Übergewicht gewinnen würden steht in Spannung zur Lust, Freude und Aufbruch miteinander. Diese Spannung muss wohl ausge-halten werden.

Der Teamcoachingprozess wird nun von den Teilnehmern bilanziert und als sehr positiv und fruchtbar gewertet. Es entsteht der Wunsch hier und auch im Abschlussplenum, dass diese Veranstaltung fortgesetzt werden soll, was im fol-genden Jahr auch realisiert werden konnte.

## 4.2   Ich habe gedacht, ich hätte großes Glück mit der neuen Stelle

Soziale Anpassung in Organisationen läuft weitgehend unbewusst ab und hat entscheidenden Einfluss auf die Gestaltung der Arbeit und das Selbsterleben der Rolleninhaber in einer Organisation mit ihrer Kultur (vgl. Löwer-Hirsch 2003, S. 32 ff.). Der Begriff der sozialen Anpassungsmechanismen ist dem der Abwehrmechanismen aus der psychoanalytischen Theoriebildung entlehnt, die Anna Freud in ihrem berühmten Büchlein „Das Ich und die Abwehrmechanis-men" expliziert hat. Das Konzept von den sozialen Anpassungsmechanismen hilft die Frage zu klären, wie eine beliebige Person ein typisches Mitglied einer

Organisation wird (vgl. Becker 1998). Die Konfliktspannung soll im Abwehrvorgang reduziert werden, damit das Individuum mit der sozialen Umwelt der Organisation zurechtkommt. Durch die Aufgabe eines Teils der Individualität durch (Teil)- Identifizierung mit der Institution wird Rollenidentität erlangt und damit ein Stück Sicherheit. Becker führt dazu aus: „Sozialisation in Organisationen ist der Ort, an dem unbewusst gewordene Erfahrungen aus der frühen Kindheit wieder aktualisiert, jetzt aber in einem neuen, nämlich dem sozialen Kontext, neu organisiert werden" (Becker 1998, S. 95). Vor allem beim Einstieg in Organisationen können diese unbewussten Wirkmechanismen sehr gut beobachtet werden, wie das folgende Fallbeispiel zeigt:

**Beispiel**

In der 5. Sitzung eines Teamcoaching-Prozesses mit dem zehnköpfigen Führungsteam eines Fortbildungsinstituts, dem Chef des Teams und seiner Stellvertreterin ist ein Fachbereichsleiter zugegen, der gerade eingestellt wurde. Das Fortbildungsinstitut ist Teil eines größeren Unternehmens. Es wird nach Themen gesucht, und der neue Kollege fragt sich, ob das, was er gern besprechen würde, überhaupt ein Thema für die Coachingsitzung sei. Er ist erst seit drei Wochen da und hat die letzte Arbeitsbesprechung des Teams als außerordentlich anstrengend, chaotisch und schrecklich erlebt. Dies sei zunehmend sein Gefühl beim Arbeiten in dieser Organisation und stehe in krassem Gegensatz zu seinem Gefühl am ersten Tag. Da sei er derart herzlich empfangen worden, mit Blumen, hilfreichen Hinweisen für die Arbeit, und Vorstellungen der Kollegen, dass er dachte, er hätte großes Glück mit der neuen Stelle gehabt. Die erste große Arbeitssitzung sei dann im Gegensatz dazu desorientierend und ausufernd gewesen. Er habe sich gedrängt gefühlt, das Protokoll zu übernehmen, weil sich sonst niemand fand. Es gab keine Disziplin, an den Themen zu arbeiten, die Teammitglieder unterliefen permanent die Arbeitsaufträge der Besprechung, es gab keine Ergebnisse. Die Sitzung wurde zeitlich überzogen, wodurch er zu seinem Anschlusstermin fast zu spät gekommen sei. Bei diesem Anschlusstermin handelte es sich um einen seiner ersten, von ihm zu organisierenden großen Kurse, und er musste dort die Dozenten und Teilnehmer begrüßen. Er konnte sich nicht mehr darauf vorbereiten und einstellen; der Chef habe dies alles zugelassen. Er sei nun mit diffusen Ohnmachtsgefühlen konfrontiert, die er sich am ersten Tage nicht habe träumen lassen. Dass er dies hier überhaupt ausspreche, sei allerdings auch schon ein Risiko.

Die unbewusste Botschaft an den Neuen durch die Teammitglieder und den Chef könnte man nun im Sinne des Konzepts von den sozialen Anpassungsmechanismen so formulieren: Hier wird dein Ich erst grandios aufgebaut und gestärkt, als hätten alle nur auf dich gewartet, um dir dann den Boden zu entziehen. Du sollst dich durch deine Abhängigkeits- und Kleinheitsgefühle quälen, um dir deutlich zu machen, wer hier das Sagen und wer sich wem anzupassen hat. Deshalb sollst du auch das Protokoll übernehmen, obwohl du noch fremd hier bist. Als Teammitglied sollst Du wissen, dass hier alles drunter und drüber geht, dass man Leitung schwächen und Arbeitsaufträge kippen kann. Macht und Ohnmacht gehören zur Organisationskultur. Im Anschluss werden in der Coaching Sitzung von den anderen Teammitgliedern Einstiege in die Organisation erinnert, die dem des neuen Kollegen gleichen. Besonders interessant ist, dass der neue Kollege durchaus kein Newcomer in dieser Tätigkeit war, diese Art Initiationsritus aber tief greifende Wirkung auf ihn hatte. In Anlehnung an den Kulturanthropologen Mircea Eliade kann in allen Initiationsriten ein grundlegendes Muster ausgemacht werden, das gerade auch in unserer modernen Arbeitswelt wirksam ist. Eliade (1989) beschreibt den Prozess, den der Novize durchlaufen muss, als einen rituell herbeigeführten Ich-Tod mit mehr oder weniger dramatischen Proben und Prüfungen, um ihn nach durchstandener Angst im Schoße der Gemeinschaft wieder aufzunehmen, gleichsam in Auferstehung und symbolischer Wiedergeburt (S. 156 ff.). Den Teammitgliedern und dem Chef waren diese Rituale vollkommen unbewusst und konnten nun auf ihre Funktion hin untersucht werden. Es schlossen sich Fragen an: „Wie viel Leitung muss sein, und wie viel Selbststeuerung kann von Teammitgliedern erwartet werden?"Als tiefer liegender Zweck der unbewusst tradierten Botschaft in der Gesamtorganisation konnte ausgemacht werden, dass die Teammitglieder eine Rollenidentität erlangen sollten, zu der es gehörte, dass man sich scheinbar jederzeit einzeln gegen Führung auflehnen kann, aber keine Solidarität untereinander entstehen darf. Dieser Teil der im Unbewussten verankerten Rollenzuweisung schwächt natürlich die Selbststeuerung des Einzelnen und steht entgegengesetzt zu den bewussten Zielen und Forderungen des Arbeitgebers nach offensiveren Fortbildungsangeboten und Ressourcenunterstützung der Fortbildungsabteilungen untereinander.

Im fortlaufenden Prozess wurde das gleiche Muster im intersubjektiven Feld mit der Beraterin inszeniert. Sie hatte in den ersten Sitzungen ausgesprochen erfolgreich Interventionen setzen können in einer sehr annehmenden und freundlichen Arbeitsatmosphäre. Die Beraterin hatte selten das Gefühl, in einem Teamcoaching Prozess so willkommen gewesen zu sein. Nach dieser Sitzung, die für den neuen Kollegen recht hilfreich war, wurde das Thema Leitung fortgesetzt, und ohne dass die Beraterin es sich versah, wurde eine Äußerung von ihr von einem Teammitglied als negativ, manipulierend und entwertend erlebt, obwohl sie im Gegenteil das Gefühl hatte, hilfreich zu sein. Es entstand sehr plötzlich eine angespannte Atmosphäre, die bisher noch nicht da gewesen war. Die anderen Teammitglieder schwiegen, und die Beraterin sollte wohl, wiederum tief aus dem organisationellen unbewussten Muster heraus, nun einmal am eigenen Leibe erfahren, wie das ist, sich ohnmächtig zu fühlen. Auch sie soll Teil ihrer Individualität als „unabhängige Beraterin" aufgeben und, durch Ohnmachtsgefühle induziert, durch die Rolle „Beraterin in dieser Organisation" ersetzen. Bevor ihr jedoch diese Erkenntnis ‚dämmerte' und damit bewusst werden konnte, musste sie Gefühle des sich Unverstanden-Fühlens und einen Zustand des Nicht-Wissens aushalten (vgl. Löwer-Hirsch 2003, S. 32–35). Die anschließende Intervention, dass auch sie sich der Arbeitsbeziehung zum Team oder zu Einzelnen im Team nicht sicher sein solle, dass diese immer wieder radikal infrage gestellt werden könne und zum unbewusst gelebten Beziehungsmuster dieser Organisation gehöre, sollte helfen, überhaupt eine Sprache für das Geschehen zu finden und allen zur Verfügung zu stellen. Die Intervention an sich ist nicht das letztlich Erhellende, sondern Resultat der Durcharbeitung der Gegenübertragungsgefühle von Ohnmacht, Zurückweisung und Unverstandensein im Rahmen dieser speziellen Organisation. Dieses Durcharbeiten wird durch eine aufmerksame Haltung den eigenen Gefühlen gegenüber ermöglicht.

# Interventionen: Unterschiede und Gemeinsamkeiten

**5**

Der oben beschriebene intermediäre Bereich unterscheidet sich im Einzel- oder Gruppencoaching nicht kategorial sondern durch das jeweilige Setting. Es macht einen Unterschied, ob ein Leadership-Coaching in einem Zweipersonensetting stattfindet, in dem die Mitakteure der Inszenierungen und Reinszenierungen imaginiert werden oder ob die Beteiligten mehrerer Hierarchieebenen direkt anwesend sind. Die Fallbeispiele haben gezeigt, wie der berufliche Alltag von Führungskräften und ihren Teams von organisationsspezifischen, bewussten und unbewussten Aktions- und Erlebnisweisen geprägt ist. Im Idealfall bleibt ein Spielraum erhalten oder wird durch ein psychodynamisches Coaching wiederhergestellt. In einem Gruppensetting kann der Spielraum mit allen Akteuren gemeinsam erlebbar und im Prozess verändert werden. Einzel- und Gruppensetting schließen sich nicht aus, sondern sind je nach Auftragsklärung unterschiedliche Mittel der Wahl. Im Teamcoaching „on the job" wird die Beraterin kaum in den privaten, durchaus aber in den personbezogenen Bereich der Mitglieder eintauchen. Im Einzelsetting kann die Heranziehung des privaten Bereichs durchaus sinnvoll sein, wenn es der Verbesserung der Arbeitssituation dient.

## 5.1 Entscheidungskriterien

Psychodynamisches Leadership-Coaching macht bewusst, dass Führung immer Führung von Menschen heißt. Vor diesem Hintergrund können bei der Entscheidung für ein Gruppen- oder ein Einzelsetting die folgenden Überlegungen eine Orientierungshilfe sein. Führung heißt immer: *„Mit mehreren in einer Gruppe sein"*. Von diagnostischer Bedeutung ist die Frage, ob und in welcher Weise die Führungskraft beziehungsregulierenden Affekten zugänglich ist, oder ob sie

© Springer Fachmedien Wiesbaden 2017
M. Löwer-Hirsch und B. West-Leuer, *Psychodynamisches Coaching für Führungskräfte*, essentials, DOI 10.1007/978-3-658-14856-0_5

in der Beziehungsgestaltung am Arbeitsplatz vorwiegend durch nachtragende Affekte (Bitterkeit, Grimm, Groll, Hader, Hohn mit Handlungsimpulsen im Sinn von Rache) festgehalten wird (Hartkamp 2016). Es ist auch zu überlegen, ob sie Nähe und Distanz zu regulieren weiß oder zu Impulsdurchbrüchen tendiert. Führung heißt auch: *„Als Mitglied einer Gruppe einzigartig sein".* Dieses Merkmal definiert, ob und wie die Führungskraft ihr narzisstisches Gleichgewicht reguliert. Kann sie kritisch zwischen ihrem Ich-Ideal oder Ideal-Selbst und ihrem Real-Selbst unterscheiden. Oder besteht aufgrund eines großen Maßes an narzisstischer Kränkbarkeit die Gefahr, dass es bei Kritik leicht zu Entwertungserfahrungen kommt. Das dritte Merkmal *„Nicht souverän in einer Gruppe sein"* lässt prüfen, wieweit bei der Führungskraft das Streben nach Autonomie und die Fähigkeit, Abhängigkeit zu akzeptieren in einem ausgewogenen Verhältnis stehen. „Die *Unabsehbarkeit der Reaktionen einer Gruppe auf Handeln und Verhalten des Vorgesetzten"* stellt die Toleranzgrenzen für Desillusionierung und für das Infragestellen der eigenen Entscheidungen auf die Probe. Schließlich ist unter dem Aspekt „Öffentlich versus Privat" das Scham und Schulderleben zu berücksichtigen. Im Gruppensetting hat die Führungskraft die Chance, Kompetenzen der Beziehungsgestaltung, der Regulierung des narzisstischen Gleichgewichts und der Fähigkeit, Abhängigkeiten zu akzeptieren, im unmittelbaren Kontakt mit den Kollegen zu überprüfen und zu verbessern (vgl. Heigl-Evers et al. 1998, S. 238 ff.). In diagnostischen Kennenlerngesprächen (vgl. West-Leuer 2003; Bennecke und Möller 2013) wird der Coach entscheiden, welche Ich-Funktionen des Klienten unterstützt werden sollen, damit dieser sein Beratungsanliegen konstruktiv lösen kann. Welches Beratungsformat dann gewählt wird, hängt nicht zuletzt auch von persönlichen Präferenzen ab. Führungskräfte können grundsätzlich von beiden Formaten profitieren. Häufig werden es pragmatische Gründe sein, die den Ausschlag für das eine oder andere Setting geben. In jedem Fall ist der organisationsspezifische Kontext zu betrachten, der wesentliche Hinweise für die Bearbeitung des Beratungsanliegens bereithält (West-Leuer 2003, West-Leuer und John 2013).

## 5.2 Grundhaltung und Interventionen psychodynamischen Coachings

Eine Führungskraft hat eine bestimmte Rolle und Verantwortung, ist aber „auch nur ein Mensch" – Gleiches gilt für die Teammitglieder. Diese Unterschiedlichkeiten und Gemeinsamkeiten werden sichtbar. Der Coach wird sich nicht in Konkurrenz zur Führungskraft setzen. Er oder sie ist nicht der bessere Leiter, sondern hat die Aufgabe, den Kommunikationsraum, den „Spielraum" der Klienten zu erweitern. Im Gruppencoaching kann der Coach als Puffer wirken und eine Mittlerrolle zwischen Führen und Geführt-Werden einnehmen. Denn nur wer sich führen lassen kann, kann auch selbst führen (Tobias Brocher: mündliche Mitteilung).

Damit im Coaching eine solche Erweiterung des „Spielraums" stattfinden kann, ist die Ausformulierung von Beratungszielen hilfreich. Diese sollen konkret und begrenzt sein: Was fällt Ihnen in Ihrem Arbeitsalltag besonders schwer? Was soll nach dem Coaching anders sein? Welche Konflikte führen zu Widerständen im Change Prozess? Die Einstellung des Coach ist die der *Präsenz*, des sich neugierigen Hinwendens zu dem Einzelnen in seinen zwischenmenschlichen Verknüpfungen und Verwicklungen mit den Anderen. Löst ein Klient heftige Reaktionen von Abwehr, von Ablehnung und Abwertung auch im Coach aus, so wird dieser dennoch versuchen, *Respekt* zu wahren und sein So-geworden-Sein als Chance des Überlebens unter widrigen Umstände zu werten; auch dann gilt es, dem Klienten – nach ausreichender Selbstreflexion – eine angemessene, authentische Rückmeldung darüber zu geben, was sein Handeln und Verhalten im Gegenüber auslöst. Gegebenenfalls wird der Coach auch eine langfristige Beratungsmethode oder Psychotherapie empfehlen. Emotionale *Akzeptanz* ist im Gruppensetting manchmal schwerer zu erbringen als im Einzelcoaching. Einzelne Mitglieder der Gruppe veranlassen den Coach durch ihr Verhalten, ohne Schwierigkeit Sympathiegefühle zu entwickeln, während er anderen gegenüber die Neigung spürt, Abstand zu halten oder Affekten von Ablehnung und Zurückweisung – etwa durch Minderbeachtung – Raum zu geben. Hier muss der Coach versuchen, seine affektiven Reaktionen zu neutralisieren, am besten indem er verstehen lernt, was seine ablehnende Haltung auslöst (Heigl-Evers et al. 1998, Ott und West-Leuer 2003). Gehen wir gleichzeitig davon aus, dass eine Gruppe oder Team mehr ist als die Summe ihrer Teile, so wissen wir, dass jede Haltung eines Teammitglieds wertvolle Informationen über das Gesamt birgt.

Durch die aktive, immer wieder erneuerte Herstellung der Grundeinstellungen – Präsenz, Respekt, Akzeptanz – kann der Coach auch modellbildend auf die Führungskräfte wirken. Der Coach kann diese Einstellungen jedoch nur durchhalten, wenn er selbst über ausreichende Selbstabgrenzung und Selbstrespekt verfügt. Sie sind Voraussetzung für die Interventionsweisen des authentischen Antwortens, der Übernahme von Hilfs-Ich- und Hilfs-Über-Ich-Funktionen, sowie den für die Beratung von Gruppen speziell wichtigen Umgang mit Affekten und Gruppennormen.

Wird die Intervention des *authentischen Antwortens* gewählt, so muss der Coach im Gruppensetting immer wieder neu entscheiden, wen er ansprechen will:

einen Einzelnen, eine Untergruppe oder die ganze Gruppe. Bei unterschiedlichen Einstellungen oder Konflikten unter den Führungskräften wird der Coach eine „Sowohl-als-Auch" Antwort wählen und Verständnis für beide Parteien signalisieren und begründen. Sind bestimmte *Funktionen des Ich oder des Überich* bei Einzelnen oder in der ganzen Gruppe nicht vorhanden, indem zum Beispiel die Toleranzgrenzen einzelner Gruppenmitglieder überschritten werden, würde der Coach die Rolle des „Verteidigers" übernehmen, und vielleicht darauf hinweisen, dass ihm ähnliche Verfehlungen, wie dem „Angeklagten" auch schon unterlaufen sind. Im *Umgang mit Affekten* wird der Coach darauf erläutern, wie sich die unterschiedlichen Affekte auf die Beziehung zwischen Kollegen oder Vorgesetzten und Mitarbeitern, die Informationsverarbeitung und die Selbstreflexion auswirken.

*Verhaltensnormen* werden oft durch Leitsätze in der Unternehmenskultur vorgegeben. Gelegentlich sind sie so rigide, dass Change Prozesse im Unternehmen stagnieren. Sie sollen Impulsdurchbrüche, Willkürhandlungen oder auch depressive Reaktionen abwehren (vgl. Heigl-Evers et al. 1998, S. 251 ff.) und finden daher offiziell große Zustimmung. Verstöße kommen einem Tabubruch gleich. So begibt sich beispielsweise der Finanzdirektor eines internationalen Konzerns wegen seiner Impulsdurchbrüche ins Einzel-Coaching. Er tut dies auf dringenden Wunsch seines Vorstands, denn aggressive Durchbrüche gehören nicht zu den gängigen Verhaltensnormen des Unternehmens. Der Coach hat Verständnis für das Anliegen des Vorstands, weiß jedoch auch, dass der Klient aufgrund einer finanziellen Notlage des Unternehmens und im Sinne des Vorstands viele Maßnahmen durchgeführt hat, die für ihn psychisch extrem belastend waren. Seine Wutausbrüche können in der Tat als Abwehr einer depressiven oder autoaggressiven Reaktion verstanden werden. Um die nachgeordneten Führungskräfte in Zukunft vor den cholerischen Ausbrüchen des Klienten zu schützen, wird es Ziel der Beratung sein, alternative Umgangsformen mit Wut und Aggression zu entwickeln. Zunächst galt es jedoch, den Finanzdirektor aus der Position des „schwarzen Schafs" zu entlassen. Dazu war die Bereitschaft des gesamten Vorstands notwendig, an einem gemeinsamen Gruppencoaching teilzunehmen. In diesem ging es nicht nur darum, Kritik am Sozialverhalten des Finanzdirektors zum Ausdruck zu bringen, sondern auch anzuerkennen, dass die von allen als notwendig empfundenen Sparmaßnahmen und Entlassungen nicht ohne Aggressionen durchzusetzen waren. Damit war auf oberster Hierarchieebene eine dialogische Form der Auseinandersetzung in Gang gekommen, ohne dass aggressive und destruktive Impulse verleugnet werden mussten (vgl. Weigand 2016).

# Zum guten Schluss 6

Das Unbewusste und der Spielraum waren zentrale Begriffe in unserem Text. Und weil die Poeten und Literaten dafür eigentlich viel plastischere Sprachbilder entwerfen, als es die Wissenschaftler vermögen, möchten wir zum Schluss noch einmal Anregung und Übersetzungshilfe für beide Begriffe aus der Literatur entlehnen:

> Denn das ist die Wahrheit über unsere Seele, dachte er, unser Selbst, das wie ein Fisch die Tiefsee bewohnt und zwischen Dunkelheiten hin- und herschwimmt, sich seinen Weg sucht zwischen den Stengeln von Riesenpflanzen über sonnengefleckte Strecken und wieder weiter durch düsteres Dämmer, kaltes, tiefes, Unerforschliches: plötzlich schießt es hinauf an die Oberfläche und tummelt sich auf den windgekräuselten Wellen; das heißt, es tut ihm buchstäblich not, anzustreifen, sich zu reiben: sich zu entzünden an bloßem Geplauder (aus dem Roman von Virginia Woolf: Mrs. Dalloway).

Wie weit wir im Coaching in die Tiefsee eintauchen oder die Tiefsee im „Geplauder" entdecken, wie weit wir die Tiefendimension heben, beleuchten, ansprechen, oder aber in uns aufnehmen und verknüpfen, hängt von unseren Einschätzungen (Diagnosen) im Prozess ab. Ziel dieses Suchprozesses ist es allemal die Selbststeuerung von Einzelnen, Gruppen und Organisationen zu entdecken, bewusst zu machen, zu verändern und zu erweitern, um damit den jeweiligen Systemen größere Handlungsspielräume zu ermöglichen.

Den Beratungsraum des psychodynamischen Coaching haben wir auch als intermediären Bereich oder umgrenzten „Spielraum" beschrieben. Hinzufügen wollen wir, dass es sich um einen Raum mit symbolischem Stillstand vom Leben des Arbeitsalltags „draußen" handelt, ähnlich und nachempfunden der Dornröschenerzählung, in der die Zeit still steht:

© Springer Fachmedien Wiesbaden 2017
M. Löwer-Hirsch und B. West-Leuer, *Psychodynamisches Coaching für Führungskräfte*, essentials, DOI 10.1007/978-3-658-14856-0_6

Und dieser Schlaf verbreitete sich über das ganze Schloss: der König und die Königin, die eben heim gekommen waren und in den Saal getreten waren, fingen an einzuschlafen, und der ganze Hofstaat mit ihnen. Da schliefen auch die Pferde im Stall, die Hunde im Hofe, die Tauben auf dem Dache, die Fliegen an der Wand, ja, das Feuer, das auf dem Herde flackerte, ward still und schlief ein, und der Braten hörte auf zu brutzeln, und der Koch, der den Küchenjungen, weil er etwas versehen hatte, an den Haaren ziehen wollte, ließ ihn los und schlief. Und der Wind legte sich, und auf den Bäumen vor dem Schloss regte sich kein Blättchen mehr. Rings um das Schloss aber begann eine Dornenhecke zu wachsen, die jedes Jahr höher ward, und endlich das ganze Schloss umzog und darüber hinauswuchs, dass gar nichts mehr davon zu sehen war, selbst nicht die Fahne auf dem Dach (Kinder- und Hausmärchen der Gebrüder Grimm).

In dem „Stillstandraum" jenseits des Alltagsgeschäfts begegnen wir den Führungskräften, und sie sich selbst. Ihr berufliches Handeln wird gemeinsam reflektiert und hoffnungsvoll findet Entwicklung statt. Die Dornröschenerzählung veranschaulicht aber nicht nur den temporalen Sonderraum eines Coachings, sie dämpft auch den Narzissmus des Coachs. Dornröschen und die Schlossbewohner wurden nicht von *dem* speziellen Prinzen erlöst, sondern er kam zum richtigen Zeitpunkt; die hundert Jahre waren um.

# Was Sie aus diesem *essential* mitnehmen können

Liebe Leserinnen und Leser,

Sie haben erste Einblicke in die Welt des Psychodynamischen Coachings von Führungskräften gewonnen. Sie werden mitnehmen,

- dass Führungskräfte bei der Wahrnehmung ihrer Aufgaben immer von Spannungszuständen zwischen Lust und Unlust begleitet werden;
- dass diese Spannungszustände in der Organisationskultur verankert sind und von unbewussten Prozessen in den Personen befeuert werden;
- wie sich diese unbewussten Dynamiken sowohl im Einzel- als auch im Gruppencoaching zwischen Coach und Klienten reinszenieren;
- welche Interventionen die oder der Coach zur Verfügung hat, um die Spielräume der Inszenierungen zu erhellen und zu erweitern;
- wie im Einzel- und Gruppencoaching authentisches Antworten, die Übernahme von Hilfs-Ich-Funktionen, und ein selbstreflexiver Umgang mit Affekten zur Anwendung kommen;
- warum das Durcharbeiten von Gegenübertragungsgefühlen die zentrale Schaltstelle psychodynamischen Coachings ist.
- Dann wird es den Klienten in Folge gelingen, Blockierungen – auch bei Veränderungswiderständen in Change Prozessen – aufzuheben.

Nun liegt es in Ihrer Hand, diesen Ansatz ganz individuell so weiterzuentwickeln, dass er Ihnen und Ihren Klienten von Nutzen ist. Wir hoffen, es macht Ihnen – vielleicht nach einigem Zögern und Zaudern – viel Freude, wenn Persönliches und Berufliches zur Entfaltung kommen kann.

Ihre Marga Löwer-Hirsch und Beate West-Leuer

© Springer Fachmedien Wiesbaden 2017
M. Löwer-Hirsch und B. West-Leuer, *Psychodynamisches Coaching für Führungskräfte*, essentials, DOI 10.1007/978-3-658-14856-0

# Literatur


Becker, H. (1998). Psychoanalyse und Organisation: Zur Bedeutung unbewußter Sozialisationen in Organisationen. *Freie Assoziation, 1*(1/2), 81–100.

Bennecke, C., & Möller, H. (2013). OPD-basierte Diagnostik. In H. Möller & S. Kotte (Hrsg.), *Diagnostik im Coaching. Grundlagen, Analyseebene, Praxisbeispiele* (S. 183–198). Berlin: Springer.

Bollas, C. (1987). *The shadow of the object. Psychoanalysis of the unthought known.* London: Free Association Books.

Eliade, M. (1989). *Die Sehnsucht nach dem Ursprung.* Frankfurt a. M.: Suhrkamp.

Grimmer, B., & Neukom, M. (2009). *Coaching und Psychotherapie. Gemeinsamkeiten und Unterschiede – Abgrenzung oder Integration?.* Wiesbaden: VS Verlag.

Hartkamp, N. (2016). „Damit Affekt zu Gefühl und Mitgefühl werden" – Führungskräfte als Change Manager. In E. M. Lewkowicz & B. West-Leuer (Hrsg.), *Führung und Gefühl. Mit Emotionen zu Authentizität und Führungserfolg* (S. 139–152). Berlin: Springer.

Haubl, R. (2007). Wenn Leistungsträger schwach werden. Chronische Müdigkeit – Symptom oder Krankheit? In R. Haubl & E. Brähler (Hrsg.), Neue moderne Leiden. Krankheit und Gesellschaft. *Psychosozial* Bd. 30, S. 25–34.

Heigl-Evers, A., Heigl, F., & Ott, J. (1998). Zur Theorie und Praxis der psychoanalytisch-interaktionellen Gruppentherapie. In A. Heigl-Evers & J. Ott (Hrsg.), *Die psychoanalytisch-interaktionelle Methode. Theorie und Praxis* (S. 235–279). Göttingen: Vandenhoeck & Ruprecht.

Hirsch, M. (2010). Die Gruppe als Container. In M. Hirsch (Hrsg.), *Die Gruppe als Container.* Gießen: Psychosozial-Verlag.

Lasch, C. (1979 [1986]). *Das Zeitalter des Narzißmus.* München: Deutscher Taschenbuch.

Lawrence, G. (1998). Soziales Träumen und Organisationsberatung. *Freie Assoziation, 1,* 304–328.

Lewkowicz, E.-M., & West-Leuer, B. (2015). Coaching in multinationalen Unternehmen – was ist anders? *Organisation Supervision Coaching, 22*(3), 287–303.

Löwer-Hirsch, M. (1994). *Arbeit zwischen Lust und Frust.* In Soziale Medizin, Heft 1.

Löwer-Hirsch, M. (2001). Intersubjektivität und Supervision. In B. Oberhoff & U. Beumer (Hrsg.), *Zur Theorie und Praxis psychoanalytischer Supervision.* Münster: Votum Verlag.



© Springer Fachmedien Wiesbaden 2017
M. Löwer-Hirsch und B. West-Leuer, *Psychodynamisches Coaching für Führungskräfte,* essentials, DOI 10.1007/978-3-658-14856-0

Löwer-Hirsch, M. (2003). Das Unbewusste in Organisationen und der intersubjektive Ansatz. In B. West-Leuer & C. Sies (Hrsg.), *Coaching - Ein Kursbuch für die Psychodynamische Beratung* (S. 25–43). Stuttgart: Pfeiffer bei Klett-Cotta.

Löwer-Hirsch, M. (2011). Auf Wanderschaft – Supervision und Coaching in einer globalisierten Welt. In E. Möller & S. Träupmann (Hrsg.), *Aspekte der psychodynamischen Supervision*. Kassel: University Press.

Löwer-Hirsch, M. (2012). Die Kooperation zwischen Manager und Berater – ein Gespräch zwischen Marga Löwer-Hirsch und den Autoren. In R. Heltzel & W. Weigand (Hrsg.), *Im Dickicht der Organisation*. Göttingen: Vandenhoeck & Ruprecht.

Löwer-Hirsch, M. (2016). Der intermediäre Raum in der Beratung – „gemeinsame Sache machen gegen das Flüssige dort draußen" (V.Woolf). In H. Pühl & K. Obermeyer (Hrsg.), *Die innere Arbeit des Beraters*. Gießen: Psychosozial-Verlag.

Lorenzer, A. (1970 [1995]). Sprachzerstörung und Rekonstruktion. Vorarbeiten zu einer *Metatheorie der Psychoanalyse*. Frankfurt a. M.: Suhrkamp.

Mentzos, S. (1988 [1995]). *Interpersonale und institutionalisierte Abwehr.* Frankfurt a. M.: Suhrkamp.

Ott, J., & West-Leuer, B. (2003). Präsenz, Respekt, emotionale Akzeptanz und Authentizität: Interaktionelle Prinzipien nicht nur für das Coaching im Krisenfall. In B. West-Leuer & C. Sies (Hrsg.), *Coaching – Ein Kursbuch für die Psychodynamische Beratung* (S. 125–147). Stuttgart: Pfeiffer bei Klett-Cotta.

Roth, G. (2001). *Fühlen, Denken, Handeln. Wie das Gehirn unser Verhalten steuert*. Frankfurt a. M.: Suhrkamp.

Stern, D. (2005). *Der Gegenwartsmoment. Veränderungsprozesse in Psychoanalyse, Psychotherapie und Alltag*. Frankfurt a. M.: Brandes & Apsel.

Vasella, D. (2016). Emotionale Herausforderungen und Chancen der Unternehmensführung. In E. M. Lewkowicz & B. West-Leuer (Hrsg.), *Führung und Gefühl. Mit Emotionen zu Authentizität und Führungserfolg* (S. 33–49). Berlin: Springer.

Weigand, W. (2016). Aggressivität – „Am besten demokratisch und dominant". In E. M. Lewkowicz & B. West-Leuer (Hrsg.), *Führung und Gefühl. Mit Emotionen zu Authentizität und Führungserfolg* (S. 109–120). Springer: Berlin.

West-Leuer, B. (2003). Von Ist-Zustand zu Ist-Zustand. Coaching als spiraler Prozess. In B. West-Leuer & C. Sies (Hrsg.), *Coaching – Ein Kursbuch für die Psychodynamische Beratung* (S. 95–124). Pfeiffer bei Klett-Cotta: Stuttgart.

West-Leuer, B. (2009). Psychodynamisches Coaching – mehr Chancengerechtigkeit für Fach- und Führungskräfte? *Psychosozial, 32*(116), 65–78.

West-Leuer, B. (2011). Affekt-Coaching. Business-Coaching zur Verbesserung von Selbstmanagement und Selbststeuerung. In H. Schnoor (Hrsg.), *Psychodynamische Beratung* (S. 165–178). Göttingen: Vandenhoeck & Ruprecht.

West-Leuer, B. & John, E.-M. (2013). Psychodynamic Coaching in Multinational Companies – An Interdisciplinary Case Analysis. *Procedia – Social and Behavioral Sciences 82,* 502–510. www.sciencedirect.com.

Winnicott, D.W. (1971 [1997]). *Vom Spiel zur Kreativität (9. Aufl.)*. Stuttgart: Klett Cotta.

Woolf, V. (1925 [2003]). *Mrs. Dalloway*. Frankfurt a. M.: Fischer.

Woolf, V. (1927 [2001]). *Zum Leuchtturm*. Frankfurt a. M.: Fischer.

# Internetquellen

Pressemittlung. (2009). Betriebe ohne Betriebsrat. Forscher identifizieren vier Typen. http://www.boeckler.de/7030_1069.htm. Zugegriffen: 02. Mai 2016.